STEFAN WIERTZ

BROTAUFSTRICHE

DIAMETRO 56 mm

STEFAN WIERTZ

BROTAUFSTRICHE

herzhaft | süß | mit Fleisch | mit Fisch | vegetarisch | vegan

südwest

INHALT

FEINES FÜR DIE STULLE

Egal ob Frühstücksbrot, Pausenbrot, Mittagssandwich oder abendliche Brotzeit: Das belegte und bestrichene Brot zählt zu unseren liebsten Mahlzeiten. Jedoch greifen wir überwiegend zu immer denselben Brotaufstrichen oder Belägen. Oft sind das diverse Fertigprodukte aus dem Kühlregal bzw. Aufschnitt oder Käse.

Gekaufte Brotaufstriche stecken voller raffiniertem Zucker. Sie enthalten meist viel Salz und dazu Verdickungsmittel, Stabilisatoren, Geliermittel, Farbstoffe, künstliche Aromen und versteckte Fette. Doch wer seinen Brotaufstrich selbst macht, weiß, was drin ist. Aufstriche aus frischen Zutaten sind teilweise kinderleicht herzustellen. Reibt man beispielsweise einfach etwas Karotte und Apfel und verfeinert das Mus mit etwas Arganöl, Zitronensaft und Zitronenabrieb, ergibt das schon einen schönen und frischen Aufstrich. Und dann ab damit auf die warme Stulle!

Frei von Zusätzen

Apropos: Ich habe Ihnen nicht nur meine Lieblings-Brotaufstriche zusammengestellt, sondern auch Rezepte für verschiedene Brote, z. B. Focaccia (siehe Rezept Seite 60), einen süßen Hefeplatz (siehe Rezept Seite 94) oder Aromen-Amaranth-Brot (siehe Rezept Seite 10). Denn durch die unterschiedlichen Brotsorten ergeben sich mit selbst gemachten Aufstrichen jedes Mal auch neue Geschmackserlebnisse. Die Mehrzahl der Aufstrichrezepte in diesem Kochbuch ist vegetarisch oder vegan, es gibt aber auch Fleisch- und Fischaufstriche sowie süße Aufstriche. Jedes Rezept ist mit entsprechender Kennzeichnung versehen: vegan, laktosefrei und glutenfrei.

Den Tag genüsslich mit etwas Selbstgemachtem beginnen

Die wohl ersten Brotaufstriche waren die natürlichen Grundstoffe aus der Natur, beispielsweise Honig. Dicht gefolgt von Apfelkraut, das durch stundenlanges Verkochen von Äpfeln gewonnen wird. Hierbei karamellisiert der Fruchtzucker und schenkt dem Kraut den unverwechselbaren Geschmack. Eine wunderbare Kombination aus besten Naturprodukten ist das marokkanische Amlou. Wenn man beispielsweise zu den Berbern in den hohen Atlas reist, wird man in jedem Haus mit selbst gebackenem Brot und Amlou begrüßt. Es wird traditionell aus Mandeln, Arganöl und Honig hergestellt und schmeckt unvergleichlich gut (siehe Rezept Seite 99).
Hierzulande zählt noch immer die Butter zu den einfachsten und besten Aufstrichen. Doch heute spielt sie eher eine sprichwörtlich untergeordnete Rolle bei den Brotaufstrichen. Denn man legt ihr immer noch etwas drauf – Wurst, Käse oder Süßes –, und so dient die Butter als bloßes Bindemittel. Jedoch gibt es aus meiner Sicht nun

wirklich kaum etwas Genüsslicheres als eine dicke Scheibe frisches Brot mit einem ordentlichen Stich fein gesalzener Butter. Und die Butter spielt hierbei die Rolle, die sie verdient: nämlich die Hauptrolle (siehe Aromenbutter, Seite 54 bis 57).

Wertschätzung und Liebe

Da unsere Vorfahren schon gewisse Konservierungsverfahren wie das Einkochen, Pökeln und Räuchern kannten, waren künstliche Zusatzstoffe zur Verlängerung der Haltbarkeit im Wesentlichen unbekannt und gar nicht nötig. Und so bestimmten die Jahreszeiten und das jeweilige Angebot, was auf den Tisch kam. In der Saison wurde das Obst eingekocht, zu Marmeladen oder Konfitüren verarbeitet und im kühlen Keller eingelagert. Und genau hier sollten wir wieder ansetzen, nämlich wieder mehr nach eigenem Rezept selbst herstellen. Wenn der Tag schon genüsslich mit etwas Selbstgemachtem beginnt, ist dies eine Wertschätzung unserer Nahrungsmittel und uns selbst gegenüber! Und Sie können bei allen Grundzutaten immer zu Ihren Favoriten greifen – ganz egal ob Saison-, Bio- oder exotische Grundprodukte. Darüber hinaus kann jede Art von Unverträglichkeit dabei berücksichtigt werden.

Seitdem ich meine Brotaufstriche selbst herstelle, begebe ich mich auf kleine kulinarische Reisen. Im Sommer wird das eingemacht, was gerade reif ist. Die Jahreszeiten führen mich automatisch von der süßen Saisonmarmelade bis hin zum würzig-scharfen Chutney (siehe Rezepte Seite 43 und 44). Im Herbst und Winter, wenn die Lust auf Herzhaftes überwiegt, liebe ich Wildpâté (siehe Rezept Seite 64) und Enten-Confit (siehe Rezept Seite 69).

Frische Zutaten, am besten aus der Saison, sind die Grundlage für kreative Brotaufstriche.

VEGAN & VEGETARISCH

TOMATENRÖSTBROT

1 Den Grill des Backofens vorheizen. Alternativ eine Grillpfanne erhitzen.

2 Die Brotscheiben auf den Grillrost legen oder in der heißen Pfanne anrösten.

3 Knoblauchzehen abziehen. Die Brotscheiben mit jeweils 1 Knoblauchzehe einreiben.

4 Die Tomaten waschen und halbieren. Mit den Tomatenhälften die angerösteten Brotscheiben einreiben. Anschließend das Tomatenröstbrot leicht salzen und mit reichlich Olivenöl beträufeln.

vegan | laktosefrei

Ergibt 2 Portionen

4 Scheiben Weißbrot
4 Soloknoblauchzehen
2 reife Strauchtomaten
Meersalz
Olivenöl

Zubereitungszeit 10 Minuten

AROMEN-AMARANTH-BROT

1 Den Backofen auf 175 °C (Umluft, Ober-/Unterhitze 190 °C, Gas Stufe 3) vorheizen. Amaranth, Buchweizen und Leinsamen in die Schüssel einer Küchenmaschine geben. Backpulver, Thymianblättchen, Urzucker und Salz hinzufügen und gut miteinander vermischen.

2 Das Mineralwasser, die Eier und das Arganöl zugeben und den Teig 10 Minuten gut verkneten.

3 Eine Kastenform mit Olivenöl einfetten und mit 1 Prise Salz ausstreuen. Den Teig in die Form füllen, glatt streichen und das Brot im vorgeheizten Backofen bei 175 °C ca. 1 Stunde backen.

vegan | laktosefrei | glutenfrei

Ergibt 1 Kastenbrot

400 g gemahlener Amaranth
100 g gemahlener Buchweizen
2 EL geschroteter Leinsamen
1 Päckchen Backpulver
5 EL frische Thymianblättchen
1 TL Urzucker
1 Prise Meersalz
400 ml Mineralwasser mit Kohlensäure
2 große Eier (XL)
3 EL Arganöl
Olivenöl und Salz für die Form

Zubereitungszeit 15 Minuten plus 1 Stunde Backzeit

DINKEL-JOGHURT-BROT

Ergibt 1 großes Kastenbrot

100 g Walnusskerne
1 EL Ahornsirup
1 gute Prise Meersalz
100 g Dinkelflocken
1 TL Urzucker
500 g Dinkelmehl, gesiebt
1 Päckchen Trockenhefe
375 g Naturjoghurt (1,5 % Fett)
Olivenöl für die Form
bestes Olivenöl

Zubereitungszeit 1½ Stunden plus 35–40 Minuten Backzeit

1 Die Walnusskerne grob hacken. Walnüsse und Ahornsirup in eine beschichtete Pfanne geben, erhitzen und unter Rühren 5 bis 7 Minuten lackieren. Anschließend die Nüsse auf einer Lage Backpapier ausbreiten und 15 Minuten gut auskühlen lassen. Mit Salz bestreuen.

2 Den Backofen auf 60 °C vorheizen.

3 Die Dinkelflocken in dieselbe Pfanne geben, den Urzucker hinzufügen und erhitzen. Unter Rühren leicht lackieren. Die Flocken noch lauwarm unter die abgekühlten Walnusskerne mischen.

4 Das Dinkelmehl, die Trockenhefe, die Nuss-Flocken-Mischung und den Joghurt in eine Schüssel geben und verkneten. Die Schüssel mit einem feuchten Tuch abdecken und den Teig bei 60 °C im vorgeheizten Backofen 30 Minuten gehen lassen.

5 Den Teig aus dem Ofen nehmen und die Temperatur auf 200 °C (Umluft 180 °C, Gas Stufe 3–4) erhöhen.

6 Eine Kastenform mit Olivenöl einfetten. Den Teig gut durchkneten und in die gefettete Kastenform füllen. Das Dinkel-Joghurt-Brot im vorgeheizten Backofen bei 200 °C 35 bis 40 Minuten backen. Zwischendurch die Kruste mit wenig bestem Olivenöl bepinseln.

TIPP Herrlich aromatisch schmeckt das Brot, wenn man 1 Prise angerösteten und fein gemörserten Szechuanpfeffer unter die Nuss-Flocken-Mischung gibt.

ROTE-BETE-STREICH MIT KORIANDERKICK

1 Die Zwiebel abziehen und fein würfeln. Die gegarte Rote Bete grob zerkleinern und mit den Zwiebeln in einen hohen Rührbecher geben.

2 Gemahlene Mandeln, die Sojasahne, den Himbeeressig, das Koriandergrün und Currypulver zugeben.

3 Alle Zutaten mit dem Mixstab fein pürieren und mit Salz und Pfeffer abschmecken.

WISSEN Wer sich rein vegan ernähren möchte und auf alles Tierische verzichtet, sollte beachten, dass Essig teilweise mithilfe von Gelatine geklärt wird. Achten Sie beim Einkaufen auf das gelbe Label mit dem grünen »V« – es steht europaweit für Erzeugnisse, deren Herstellung ohne Rohstoffe aus Tieren erfolgt.

vegan | laktosefrei | glutenfrei

Ergibt 2 Gläser à 250 ml

1 rote Zwiebel

400 g gegarte Rote Bete

8 EL abgezogene, gemahlene Mandelkerne

6 EL Sojasahne

4 EL Himbeeressig

6 EL Koriandergrün

1 TL Currypulver

Meersalz

schwarzer Pfeffer, frisch gemahlen

Zubereitungszeit 20 Minuten

Haltbarkeit Abgefüllt in Gläsern im Kühlschrank ca. 5 Tage haltbar

SAUERKRAUT-KARTOFFEL-STREICH

vegan | laktosefrei | glutenfrei

Ergibt 2 Gläser à 250 ml

100 g frisches Sauerkraut
300 g Pellkartoffeln
3 EL Rapsöl
1 EL milder Senf
1 EL Essig
100 g Sojasahne
1 TL Currypulver
1 TL Paprikapulver
Meersalz
schwarzer Pfeffer, frisch gemahlen

Zubereitungszeit 20 Minuten plus 15 Minuten Garzeit

Haltbarkeit Abgefüllt in Gläsern im Kühlschrank mindestens 1 Woche haltbar

1 Das Sauerkraut in ein Sieb geben, unter fließendem Wasser abspülen und abtropfen lassen. Sauerkraut in einen Topf geben, zum Kochen bringen und 15 Minuten kochen. Anschließend abkühlen lassen.

2 Die Kartoffeln gründlich waschen und als Pellkartoffeln gar kochen. Anschließend die Kartoffeln abgießen und abkühlen lassen.

3 Das Sauerkraut mit den Händen auspressen und in einen hohen Rührbecher geben. Rapsöl, Senf und Essig hinzufügen und alles mit dem Mixstab fein pürieren.

4 Die gegarten Kartoffeln pellen, mit dem Kartoffelstampfer zerkleinern und mit Sojasahne, Currypulver und Paprikapulver vermischen. Die Kartoffelmasse unter das pürierte Sauerkraut ziehen. Den Sauerkraut-Kartoffel-Streich mit Salz und Pfeffer abschmecken.

TIPP Dieser herzhafte Brotaufstrich lässt sich wunderbar mit 4 Esslöffeln frischen Schnittlauchröllchen verfeinern.

KAROTTEN-INGWER-MOUSSE

vegan | laktosefrei | glutenfrei

Ergibt 3 Gläser à 250 ml

400 g Karotten
100 g Kartoffeln
200 g Äpfel
200 ml Gemüsebrühe
2 Zwiebeln
1 Soloknoblauchzehe
3 EL frischer Ingwer, fein gewürfelt
Rapsöl
5 EL Maismehl
1 EL Weißweinessig
abgeriebene Schale und Saft von 1 unbehandelten Zitrone
Meersalz
schwarzer Pfeffer, frisch gemahlen
Muskatnuss, frisch gerieben

Zubereitungszeit 20 Minuten plus 25 Minuten Garzeit

Haltbarkeit Abgefüllt in Gläsern im Kühlschrank 2 Wochen haltbar

1 Die Karotten und die Kartoffeln schälen.

2 Die Äpfel schälen und das Kerngehäuse entfernen. Anschließend das Fruchtfleisch grob zerkleinern.

3 Karotten und Kartoffeln grob zerkleinern, in einen Topf geben und die Gemüsebrühe hinzufügen. Zum Kochen bringen und 20 Minuten garen, bis alles weich ist. Dann das Wasser abgießen und alles gut zerstampfen.

4 Zwiebeln und Knoblauch abziehen und sehr fein würfeln. Zwiebeln, Knoblauch und Ingwer in eine Pfanne geben und in etwas Rapsöl 5 Minuten glasieren.

5 Die Zwiebel-Ingwer-Mischung warm unter die gestampfte Masse heben und mit Maismehl, Essig sowie Zitronenabrieb und Zitronensaft gut vermengen. Mit Salz, Pfeffer und Muskat abschmecken.

6 Die Karotten-Ingwer-Mousse noch warm in ausgespülte Twist-Off-Gläser füllen, verschließen und auf den Kopf stellen.

VARIANTE Für einen nicht veganen Karottenaufstrich 1 klein geschnittene Gemüsezwiebel, 400 Gramm geputzte, zerkleinerte Karotten und 30 Gramm fein geschnittenen Ingwer mit 100 Milliliter Mineralwasser in einen Topf geben, zum Kochen bringen und 10 Minuten garen. Anschließend den Topfinhalt samt Flüssigkeit pürieren, mit Salz und Pfeffer würzen und mit 125 Gramm fein gesalzener Butter, Ziegenfrischkäse oder Schichtkäse mischen.

INGWER-APFEL-STREICH

vegan | laktosefrei | glutenfrei

Ergibt 3 Gläser à 250 ml

1 kg saure Äpfel (z. B. Granny Smith)

50 g frischer Ingwer, fein gewürfelt

100 ml Apfelsaft

150 g Zucker

1 EL grüne Pfefferkörner aus dem Glas

abgeriebene Schale und Saft von 2 unbehandelten Zitronen

Zubereitungszeit 25 Minuten plus 25 Minuten Garzeit

Haltbarkeit Abgefüllt in Gläsern im Kühlschrank 4 Wochen haltbar

1 Die Äpfel schälen und die Kerngehäuse entfernen. Das Fruchtfleisch anschließend grob würfeln.

2 Apfelwürfel und Ingwer in einen Topf geben. Apfelsaft, Zucker und den grünen Pfeffer hinzufügen. Zitronenabrieb und Zitronensaft zugeben, alles zum Kochen bringen und ca. 25 Minuten einkochen.

3 Die Masse anschließend noch heiß mit dem Mixstab fein pürieren.

4 Den Apfel-Ingwer-Streich sofort in ausgespülte Twist-Off-Gläser füllen, verschließen und auf dem Kopf stehend abkühlen lassen.

TIPP Der Ingwer-Apfel-Streich dient auch als Basis für einen cremigen Quarkaufstrich. Einfach im Verhältnis 1:1 vermischen.

VARIANTE Verfeinern lässt sich der Brotaufstrich mit einem Blitzpesto aus 1 Bund Basilikum, 1 Esslöffel Apfelsaft und 1 Esslöffel Rapsöl. Dazu das Basilikum waschen, zupfen und die Basilikumblättchen zusammen mit Apfelsaft und Rapsöl fein pürieren. Mit etwas Salz und Pfeffer abschmecken. Diese Menge einfach unter den Inhalt eines abgekühlten Glases Ingwer-Apfel-Streich mischen.

SESAM-KAROTTEN-CREME

1 Die Zwiebel abziehen und fein würfeln. Zwiebeln in einen Topf geben, den braunen Zucker hinzufügen und bei mittlerer Hitze anschwitzen.

2 Die Karotten schälen und würfeln. Den Apfel waschen, das Kerngehäuse entfernen und anschließend das Fruchtfleisch grob zerkleinern.

3 Zitrusabrieb, Zitronen- und Orangensaft, Karotten, Äpfel und Chilischoten zu den Zwiebeln in den Topf geben. Die Mischung zum Kochen bringen und etwa 25 Minuten köcheln lassen. Anschließend die Chilischoten herausnehmen.

4 Den Topfinhalt noch heiß unter Zugabe des Sesamöls mit dem Mixstab fein pürieren. Anschließend den gerösteten Sesam unterrühren und die Creme mit etwas Salz abrunden.

5 Die Sesam-Karotten-Creme sofort in ausgespülte Twist-Off-Gläser füllen, verschließen und auf dem Kopf stehend abkühlen lassen.

vegan | laktosefrei | glutenfrei

Ergibt 2 Gläser à 250 ml

1 Zwiebel

50 g brauner Zucker

300 g Karotten

1 Apfel

abgeriebene Schale und Saft von 1 unbehandelten Orange und 1 unbehandelten Zitrone

2 Chilischoten

2 EL Sesamöl

30 g Sesam, geröstet

Meersalz

Zubereitungszeit 35 Minuten plus 25 Minuten Garzeit

Haltbarkeit Abgefüllt in Gläsern im Kühlschrank mindestens 4 Wochen haltbar

SELLERIE-BIRNEN-SALSA MIT APRIKOSE

vegan | laktosefrei | glutenfrei

Ergibt 2 Gläser à 250 ml

1 Sellerieknolle
1 Birne
1 Bund Blattpetersilie
1 Bund Minze
abgeriebene Schale und Saft von 3 unbehandelten Zitronen
3 getrocknete Aprikosen
150 ml Olivenöl
Meersalz
schwarzer Pfeffer, frisch gemahlen

Zubereitungszeit 15 Minuten plus 15 Minuten Marinierzeit

Haltbarkeit Abgefüllt in Gläsern im Kühlschrank mindestens 2 Wochen haltbar

1 Den Sellerie schälen und in feine Würfel schneiden.

2 Die Birne waschen, vom Kerngehäuse befreien und in feine Würfel schneiden.

3 Petersilie und Minze waschen, trockenschwenken und zupfen. Petersilien- und Minzeblättchen fein schneiden. Die Kräuter, den Zitronenabrieb und den Zitronensaft hinzufügen.

4 Die getrockneten Aprikosen fein würfeln. Olivenöl, Aprikosen, Salz und Pfeffer zugeben, alles gut mischen und bei Zimmertemperatur 15 Minuten marinieren.

VARIANTE Diese Salsa kann auch prima als Topping für Fisch verwendet werden. Hierzu 1 Esslöffel Salsa auf ein gebratenes Fischfilet (z. B. Lachs) geben und 3 bis 5 Minuten unter dem Grill rösten. Anschließend mit einem Schuss Olivenöl beträufeln und je nach Geschmack mit etwas frischem Zitronenabrieb abrunden.

BALSAMICO-KIRSCH-AUFSTRICH

1 Die Süßkirschen waschen und entsteinen. 250 Gramm Kirschen abwiegen und beiseitestellen. 500 Gramm Kirschen abwiegen und mit einem großen Messer grob hacken. Zwiebeln abziehen und fein würfeln.

2 Die grob gehackten Kirschen, den Ingwer, die Zwiebeln, den Essig und den braunen Zucker in einen Topf geben und zum Kochen bringen. 1 Stunde bei kleiner Hitze köcheln lassen.

3 Anschließend die restlichen Kirschen hinzufügen, unterheben und weitere 10 Minuten garen. Mit etwas Salz und Cayennepfeffer abschmecken.

4 Den Balsamico-Kirsch-Aufstrich sofort in ausgespülte Twist-Off-Gläser füllen, verschließen und auf dem Kopf stehend abkühlen lassen.

vegan | laktosefrei | glutenfrei

Ergibt 5 Gläser à 250 ml

1 kg frische Süßkirschen

150 g rote Zwiebeln

50 g frischer Ingwer, fein gewürfelt

300 ml bester Aceto balsamico

150 g brauner Zucker

Meersalz

Cayennepfeffer

Zubereitungszeit 20 Minuten plus 1 Stunde 10 Minuten Garzeit

Haltbarkeit Abgefüllt in Gläsern im Kühlschrank mindestens 4 Wochen haltbar

AGAVEN-ZWIEBEL-CREME

vegan | laktosefrei | glutenfrei

Ergibt 3 Gläser à 250 ml

1 kg Zwiebeln

abgeriebene Schale und Saft von je 6 unbehandelten Zitronen und Orangen

150 ml Agavendicksaft

3 EL Olivenöl

Meersalz

Zubereitungszeit 15 Minuten plus 30 Minuten Garzeit

Haltbarkeit Abgefüllt in Gläsern im Kühlschrank mindestens 12 Monate haltbar

1 Die Zwiebeln abziehen und würfeln. Zerkleinerte Zwiebeln und Zitrusabrieb, Orangensaft sowie Zitronensaft in einen Topf geben.

2 Agavendicksaft, Olivenöl und etwas Salz hinzufügen und zum Kochen bringen. Die Zwiebel-Agavendicksaft-Mischung ca. 30 Minuten zu einem dickflüssigen Brei einkochen lassen.

3 Die noch heiße Masse mit dem Mixstab fein pürieren und mit Salz abschmecken.

4 Anschließend die Agaven-Zwiebel-Creme sofort in ausgespülte Twist-Off-Gläser füllen, verschließen und auf dem Kopf stehend abkühlen lassen.

FEINES PAPRIKARAGOUT

1 Zwiebeln und Knoblauch abziehen und fein würfeln.

2 Olivenöl in einer Pfanne erhitzen. Die Zwiebeln und den Knoblauch in die Pfanne geben und bei mittlerer Hitze glasieren.

3 Die Paprikaschoten waschen, trocknen, halbieren und mit einem scharfen Messer von Kernen und Rippen befreien. Dann in feine Würfel schneiden.

4 Die Strauchtomaten waschen, trocknen, halbieren, entkernen und ebenfalls in feine Würfel schneiden.

5 Die Paprika- und Tomatenwürfel in die Pfanne geben und etwa 10 Minuten einkochen.

6 Das Paprika-Tomaten-Gemüse noch heiß in einen hohen Rührbecher füllen. Thymian, Oregano, Maismehl, Salz und Szechuanpfeffer zugeben und mit dem Mixstab fein pürieren.

7 Das Paprikaragout sofort in ausgespülte Twist-Off-Gläser füllen, verschließen und auf dem Kopf stehend abkühlen lassen.

vegan | laktosefrei | glutenfrei

Ergibt 2 Gläser à 250 ml

2 rote Zwiebeln

2 Soloknoblauchzehen

2 EL Olivenöl

4 rote Paprikaschoten

2 Strauchtomaten

2 EL frische Thymianblättchen

2 EL frische Oreganoblättchen

2 EL Maismehl

Meersalz

Szechuanpfeffer, frisch gemahlen

Zubereitungszeit 20 Minuten plus 10 Minuten Garzeit

Haltbarkeit Abgefüllt in Gläsern im Kühlschrank mindestens 3 Monate haltbar

KÄSECREME IN 3 AKTEN

SCHNELL

glutenfrei

Ergibt 4 Portionen

150 g Frischkäse
2 EL Olivenöl
4 EL Sahnemeerrettich
Saft von 1 Zitrone
Meersalz
schwarzer Pfeffer, frisch gemahlen

Zubereitungszeit 5 Minuten

Haltbarkeit Im Kühlschrank mindestens 2 Wochen haltbar

1 Frischkäse, Olivenöl, Sahnemeerrettich und Zitronensaft in eine Rührschüssel geben.

2 Die Käsecreme mit dem Schneebesen gründlich vermengen und mit Salz und Pfeffer abschmecken.

EXOTIC

glutenfrei

Ergibt 4 Portionen

150 g Frischkäse
1 EL Olivenöl
2 EL Honigsenf
4 EL frische Ananas, fein gewürfelt
Meersalz
schwarzer Pfeffer, frisch gemahlen
Currypulver
Zucker

Zubereitungszeit 10 Minuten

Haltbarkeit Im Kühlschrank mindestens 2 Wochen haltbar

1 Frischkäse, Olivenöl, Honigsenf und Ananas in eine Rührschüssel geben und mit dem Schneebesen gut vermengen.

2 Die Frischkäsecreme mit Salz, Pfeffer, Currypulver und Zucker abschmecken.

SCHARF

glutenfrei

Ergibt 4 Portionen

150 g Frischkäse
1 EL Rapsöl
1 EL Ananassaft
1 TL Meersalz
2 EL Currypulver
1 EL Chilipulver
abgeriebene Schale und Saft von 1 unbehandelten Zitrone

Haltbarkeit Im Kühlschrank ca. 2 Wochen haltbar

1 Frischkäse, Rapsöl und Ananassaft in eine Rührschüssel geben.

2 Salz, Currypulver, Chilipulver, Zitronenabrieb und Zitronensaft hinzufügen. Die Käsecreme 5 Minuten mit dem Schneebesen luftig aufschlagen.

TIPP Zum Servieren von der Käsecreme Bällchen abstechen und wahlweise in geschroteten Nüssen (z.B. Haselnüsse, Pistazien) oder gehackten Kräutern (z.B. Koriander, Minze) wälzen.

BAVARIAN OBAZDA

glutenfrei

Ergibt 4 große Portionen

400 g reifer Camembert
150 g Sahnequark
50 g Joghurt
50 g fein gesalzene, weiche Butter
2 TL Cayennepfeffer
1 TL süßes Paprikapulver
1 TL gemahlener Kümmel
abgeriebene Schale und Saft von 1 unbehandelten Zitrone
1 rote Zwiebel
1 Bund Schnittlauch
Meersalz
weißer Pfeffer, frisch gemahlen

Zubereitungszeit 30 Minuten plus 1 Stunde Marinierzeit

Haltbarkeit Im Kühlschrank mindestens 1 Woche haltbar

1 Den Camembert in einer Schüssel mit einer Gabel zerdrücken und nach und nach mit Sahnequark, Joghurt sowie der Butter vermischen. Cayennepfeffer, Paprikapulver und Kümmel unterrühren. Zitronenabrieb und Zitronensaft hinzufügen.

2 Die Zwiebel abziehen und fein würfeln. Den Schnittlauch waschen, trockenschwenken und in feine Röllchen schneiden.

3 Die Zwiebelwürfel und Schnittlauchröllchen unter die Käsecreme heben. Nach Geschmack mit Salz und weißem Pfeffer abschmecken.

4 Den Bavarian Obazda vor dem Verzehr mindestens 1 Stunde bei Zimmertemperatur ziehen lassen.

VARIANTE Für eine Obazda-Variante, die sich gut als Beilage zu frischen Pellkartoffeln eignet, 50 Gramm Walnusskerne mit dem Messer grob hacken und in einer beschichteten Pfanne bei mittlerer Temperatur 7 bis 10 Minuten kross anrösten. Die Walnüsse noch warm mit etwas Salz würzen und mindestens 15 Minuten abkühlen lassen. Das geröstete Walnussschrot anschließend unterheben und den Bavarian Obazda zu Pellkartoffeln servieren.

PERFEKTE TOMATE

vegan | laktosefrei | glutenfrei

Ergibt 3 Gläser à 250 ml

1 kg sehr reife Strauchtomaten
6 rote Zwiebeln
6 Soloknoblauchzehen
2 EL Agavendicksaft
2 EL Himbeeressig
2 EL grüne Pfefferkörner aus dem Glas
1 TL Meersalz

Zubereitungszeit 30 Minuten plus 1 Stunde Garzeit

Haltbarkeit Abgefüllt in Gläsern im Kühlschrank mindestens 12 Monate haltbar

1 Den Backofen auf 165 °C (Umluft 150 °C, Gas Stufe 2) vorheizen.

2 Die Tomaten waschen, putzen, grob würfeln und in eine Schüssel geben. Zwiebeln und Knoblauch abziehen, fein würfeln und hinzufügen.

3 Agavendicksaft, Himbeeressig, grünen Pfeffer und Salz zugeben. Alles gut vermischen und in eine große, flache, feuerfeste Form füllen. Im vorgeheizten Backofen bei 165 °C 1 Stunde schmoren.

4 Das Tomatenragout noch heiß in ein hohes Rührgefäß füllen, mit dem Mixstab fein pürieren und mit Salz abschmecken.

5 Die perfekte Tomate sofort in ausgespülte Twist-Off-Gläser füllen, verschließen und auf dem Kopf stehend abkühlen lassen.

HUMMUS

vegan | laktosefrei | glutenfrei

Ergibt 2 Gläser à 250 ml

1 Dose Kichererbsen (Abtropfgewicht ca. 250 g)

1 Dose Mais (Abtropfgewicht ca. 100 g)

5 EL heller Sesam, geröstet

3 EL Koriandersamen, geröstet

1 EL frische Oreganoblättchen

1 TL gemahlener Szechuanpfeffer, geröstet

Muskatnuss, frisch gerieben

Meersalz

100 ml Arganöl

Zubereitungszeit 15 Minuten

Haltbarkeit Abgefüllt in Gläsern im Kühlschrank mindestens 2 Wochen haltbar

1 Die Kichererbsen und den Mais auf einem Sieb gut abtropfen lassen und anschließend in einen hohen Rührbecher füllen.

2 Sesam, Koriandersamen, Oreganoblättchen, Szechuanpfeffer, Muskatnuss, etwas Salz, Arganöl und 3 Esslöffel lauwarmes Wasser hinzufügen. Mit einem Mixstab fein pürieren und mit Salz abschmecken.

3 Den Hummus in ausgespülte Twist-Off-Gläser füllen und sofort verschließen.

AVOCADOCREME

vegan | laktosefrei | glutenfrei

Ergibt 10 Portionen

2 reife Avocados

3 Soloknoblauchzehen

abgeriebene Schale und Saft von 3 unbehandelten Zitronen

1 EL Arganöl

Meersalz

schwarzer Pfeffer, frisch gemahlen

Zubereitungszeit 10 Minuten

Haltbarkeit Im Kühlschrank mindestens 4 Tage haltbar

1 Die Avocados halbieren, den Stein entfernen und das Fruchtfleisch mit einem Löffel aus der Schale lösen. 250 Gramm Fruchtfleisch abwiegen.

2 Den Knoblauch abziehen. Avocado und Knoblauch mit einem scharfen Messer grob hacken und mit Zitronenabrieb und Zitronensaft vermischen.

3 Die Avocadocreme mit dem Arganöl verrühren und mit Salz und Pfeffer abschmecken.

PARMESAN-CRUNCH MIT ERDBEERSALSA

glutenfrei

Ergibt 4 Portionen

Für den Parmesan-Crunch:
- 300 g Parmesan
- 3 EL Haselnusskerne
- 2 EL Ahornsirup
- 1 EL abgeriebene Zitronenschale
- Meersalz

Für die Erdbeersalsa:
- 250 g Erdbeeren
- 1 Bund Minze
- 1 Bund Koriander
- 2 EL Olivenöl
- Meersalz
- Malabar-Pfeffer, frisch gemahlen

Zubereitungszeit 20 Minuten plus 10 Minuten Backzeit

1 Den Backofen auf 225 °C (Umluft 200 °C, Gas Stufe 4–5) vorheizen.

2 Für den Parmesan-Crunch den Parmesan grob reiben. Haselnusskerne in einer Nussmühle schroten.

3 Parmesan, Haselnüsse, Ahornsirup und Zitronenabrieb in einer Schüssel vermischen. Den Parmesan-Crunch auf einem mit Backpapier ausgelegten Backblech verteilen und bei 225 °C im vorgeheizten Backofen 7 bis 10 Minuten backen.

4 Parmesan-Crunch herausnehmen und abkühlen lassen. Wenn er ganz abgekühlt ist, salzen.

5 Für die Erdbeersalsa die Erdbeeren waschen, putzen und fein würfeln. Minze und Koriander waschen, trockenschwenken, zupfen und die Blättchen fein schneiden. Erdbeeren mit den Kräutern und dem Olivenöl mischen und mit Salz und Malabar-Pfeffer abschmecken.

6 Die Erdbeersalsa zusammen mit dem Parmesan-Crunch auf ein geröstetes Stück Weißbrot geben.

AROMENSTREUSEL AUF 5-KRÄUTER-BASIS

HERZHAFTE KÄSE-STREUSEL (Bild vorne)

Ergibt 12 Portionen

150 g Parmesankäse, fein gerieben

150 g Semmelbrösel

100 g weiche Butter

Zubereitungszeit 10 Minuten plus 15 Minuten Backzeit

1 Den Backofen auf 185 °C (Umluft 170 °C, Gas Stufe 3) vorheizen.

2 Parmesankäse, Semmelbrösel und Butter in eine Rührschüssel geben und mit dem Handrührgerät zu Streuseln verkneten. Die Streusel auf ein mit Backpapier ausgelegtes Backblech bröseln.

3 Die Käsestreusel im vorgeheizten Backofen bei 185 °C ca. 15 Minuten kross ausbacken. Anschließend lose aufgestreut abkühlen lassen.

APRIKOSEN-STREUSEL (Bild mittig)

Ergibt 12 Portionen

200 g Mehl

100 g fein gesalzene, weiche Butter

50 g getrocknete Aprikosen, fein gewürfelt

3 EL abgeriebene Zitronenschale

2 EL Ahornsirup

Zubereitungszeit 10 Minuten plus 15 Minuten Backzeit

1 Den Backofen auf 185 °C (Umluft 170 °C, Gas Stufe 3) vorheizen.

2 Mehl, Butter, Aprikosen, Zitronenabrieb und Ahornsirup in eine Rührschüssel geben und mit dem Handrührgerät zu Streuseln verkneten. Die Streusel auf ein mit Backpapier ausgelegtes Backblech bröseln.

3 Die Streusel im vorgeheizten Backofen bei 185 °C ca. 15 Minuten kross ausbacken. Anschließend lose aufgestreut abkühlen lassen.

NUSS-THYMIAN-STREUSEL (Bild hinten)

vegan | laktosefrei

Ergibt 12 Portionen

150 g Mehl

50 g gemahlene Haselnüsse

50 g Apfel, fein gewürfelt

2 EL frische Thymianblättchen

2 EL abgeriebene Zitronenschale

1 EL Agavendicksaft

Zubereitungszeit 10 Minuten plus 15 Minuten Backzeit

1 Den Backofen auf 185 °C (Umluft 170 °C, Gas Stufe 3) vorheizen.

2 Mehl, Nüsse, Apfelwürfel, Thymian, Zitronenabrieb und Agavendicksaft in eine Rührschüssel geben und mit dem Handrührgerät zu Streuseln verkneten. Die Streusel auf ein mit Backpapier ausgelegtes Backblech bröseln.

3 Die Streusel im vorgeheizten Backofen bei 185 °C ca. 15 Minuten kross ausbacken. Anschließend lose aufgestreut abkühlen lassen.

OLIVENVARIATIONEN

GRÜNE OLIVE MIT ZITRONE

vegan | laktosefrei | glutenfrei

Ergibt 1 Glas à 250 ml

150 g grüne Oliven, entsteint

1 TL grüne Pfefferkörner aus dem Glas

5 EL Olivenöl

3 Soloknoblauchzehen

1 Bund Minze

abgeriebene Schale und Saft von 2 unbehandelten Zitronen

Meersalz

Zubereitungszeit 15 Minuten

Haltbarkeit Abgefüllt in Gläsern im Kühlschrank mindestens 1 Monat haltbar

1 Oliven, grünen Pfeffer und Olivenöl in einen Standmixer geben. Knoblauch abziehen. Minze waschen, trockenschwenken und grob zupfen.

2 Knoblauch, Minzeblättchen, Zitronenabrieb und Zitronensaft zugeben und im Standmixer fein pürieren. Die Olivenpaste mit Salz abschmecken.

OLIVE MIT TIEFGANG

vegan | laktosefrei | glutenfrei

Ergibt 1 Glas à 250 ml

150 g grüne Oliven, entsteint

50 g Haselnusskrokant

10 Zweige Thymian

7 EL Olivenöl

Saft von 2 Limetten

Meersalz

Malabar-Pfeffer, frisch gemahlen

Zubereitungszeit 15 Minuten

Haltbarkeit Abgefüllt in Gläsern im Kühlschrank mindestens 4 Wochen haltbar

1 Oliven und Haselnusskrokant in einen Standmixer geben. Thymian waschen, trockenschwenken und zupfen.

2 Thymianblättchen, Olivenöl und Limettensaft zugeben und die Mischung im Standmixer fein pürieren. Mit Salz und Malabar-Pfeffer abschmecken.

SCHWARZE-OLIVEN-TAPENADE

glutenfrei

Ergibt 3 Gläser à 250 ml

400 g schwarze Oliven, entsteint

100 g Parmesan, gerieben

1 TL Ahornsirup

200 ml Olivenöl

Saft und abgeriebene Schale von 2 unbehandelten Zitronen

3 EL frische Thymianblättchen, fein geschnitten

3 EL frische Rosmarinnadeln, fein geschnitten

Meersalz

schwarzer Pfeffer, frisch gemahlen

Zubereitungszeit 10 Minuten

Haltbarkeit Abgefüllt in Gläsern im Kühlschrank mindestens 4 Wochen haltbar

1 Oliven, Parmesan, Ahornsirup, Olivenöl, Zitronenabrieb und Zitronensaft in einen Standmixer geben und alles mittelfein bis fein pürieren.

2 Thymian und Rosmarin hinzufügen und verrühren. Die Oliventapenade mit wenig Salz und Pfeffer abschmecken.

BEEREN-BBQ

vegan | laktosefrei | glutenfrei

Ergibt 1 Glas à 250 ml

200 g TK-Waldbeerenmischung
1 Apfel
2 rote Zwiebeln
1 Soloknoblauchzehe
1 unbehandelte Orange
2 EL Sojasauce
1 EL Worcestersauce
2 EL Himbeeressig
2 EL brauner Zucker
Meersalz

Zubereitungszeit 15 Minuten plus 20 Minuten Garzeit

Haltbarkeit Abgefüllt in Gläsern im Kühlschrank mindestens 4 Wochen haltbar

1 Die Waldbeerenmischung zum Antauen in einen kleinen Topf geben.

2 Den Apfel waschen, das Kerngehäuse entfernen und das Fruchtfleisch fein würfeln. Die Zwiebeln und den Knoblauch abziehen und fein schneiden.

3 Die Orange heiß waschen, trocknen und die Schale abreiben. Anschließend die Orange auspressen.

4 Apfelwürfel, Zwiebeln, Knoblauch, Orangenabrieb und Orangensaft zu den Waldbeeren in den Topf geben. Die Mischung zum Kochen bringen.

5 Sojasauce, Worcestersauce, Himbeeressig, braunen Zucker und etwas Salz zugeben und ca. 20 Minuten einkochen lassen.

6 Das Beeren-BBQ sofort in ausgespülte Twist-Off-Gläser füllen, verschließen und auf dem Kopf stehend abkühlen lassen.

SWEET CHILI

1 Die Äpfel waschen, die Kerngehäuse entfernen und das Fruchtfleisch in feine Würfel schneiden.

2 Zwiebeln und Knoblauch abziehen und fein schneiden.

3 Zwiebeln, Knoblauch und Apfelwürfel in einer beschichteten Pfanne ca. 5 Minuten glasieren.

4 Die Chilisauce zugeben und 10 Minuten einkochen. Sweet Chili gut verrühren, sofort in ausgespülte Twist-Off-Gläser füllen, verschließen und auf dem Kopf stehend abkühlen lassen.

vegan | laktosefrei | glutenfrei

Ergibt 4 Gläser à 250 ml

3 saure Äpfel

2 weiße Zwiebeln

1 Soloknoblauchzehe

1 Flasche Sweet-Chili-Sauce (aus dem Asialaden)

Zubereitungszeit 15 Minuten plus 10 Minuten Garzeit

Haltbarkeit Abgefüllt in Gläsern mindestens 12 Monate haltbar

CHERRY CHILI

1 Die Schattenmorellen über einem Sieb abgießen und den Saft dabei auffangen. Die Schattenmorellen in einen Topf füllen. Die Hälfte des fertigen Sweet Chilis zugeben, verrühren und langsam erhitzen.

2 In einem weiteren Topf den Kirschsaft auf ein Drittel einkochen lassen. Mit dem Zitronenabrieb verfeinern.

3 Anschließend die Reduktion unter das Cherry Chili rühren. Noch heiß sofort in ausgespülte Twist-Off-Gläser füllen, verschließen und auf dem Kopf stehend abkühlen lassen.

vegan | laktosefrei | glutenfrei

3 Gläser à 250 ml

1 Glas Schattenmorellen

½ Portion Sweet Chili (Rezept siehe oben)

abgeriebene Schale von 3 unbehandelten Zitronen

Zubereitungszeit 20 Minuten

Haltbarkeit Abgefüllt in Gläsern mindestens 12 Monate haltbar

KARTOFFEL-KRÄUTER-CREME

vegan | glutenfrei

Ergibt 3 Gläser à 250 ml

400 g Kartoffeln
Meersalz
200 g weiße Zwiebeln
Butter zum Braten
30 g frische Thymianblättchen
100 g Crème fraîche
weißer Pfeffer, frisch gemahlen
Muskatnuss, frisch gerieben

Zubereitungszeit 10 Minuten plus 20 Minuten Garzeit

Haltbarkeit Abgefüllt in Gläsern im Kühlschrank mindestens 2 Wochen haltbar

1. Die Kartoffeln schälen und in Salzwasser gar kochen. Anschließend abgießen und noch warm durch eine Kartoffelpresse drücken.

2. Zwiebeln abziehen und fein würfeln. Butter in einer Pfanne erhitzen und Zwiebeln und Thymianblättchen darin leicht glasieren. Unter die Kartoffelmasse heben.

3. Crème fraîche hinzufügen, alles vermengen und mit Salz, Pfeffer und Muskatnuss abschmecken.

4. Die Kartoffel-Kräuter-Creme in ausgespülte Twist-Off-Gläser füllen, verschließen und auf dem Kopf stehend abkühlen lassen.

VARIANTE Für eine Kartoffel-Pistazien-Creme 50 Gramm geschälte Pistazien in einer beschichteten Pfanne mit etwas Salz 10 Minuten bei mittlerer Hitze anrösten. 1 fein geschnittene Knoblauchzehe 5 Minuten in wenig Olivenöl glasieren. Die abgekühlten Pistazien im Mörser fein zerstoßen und mit dem Knoblauch unter die Hälfte der Kartoffel-Kräuter-Creme heben.

APRIKOSENCHUTNEY

vegan | laktosefrei | glutenfrei

Ergibt 4 Gläser à 250 ml

500 g frische Aprikosen
200 g getrocknete Aprikosen
2 rote Zwiebeln
50 g Rosinen
1 TL Szechuanpfeffer, geröstet und gemörsert
1 Zimtstange
5 EL Limettensaft
Meersalz

Zubereitungszeit 15 Minuten plus 40 Minuten Garzeit

Haltbarkeit Abgefüllt in Gläsern im Kühlschrank mindestens 4 Wochen haltbar

1 Die frischen Aprikosen waschen, halbieren, entsteinen und 400 Gramm abwiegen. Die restlichen Aprikosen beiseitestellen. Getrocknete Aprikosen fein würfeln.

2 Die Zwiebeln abziehen und fein würfeln.

3 Die größere Portion Aprikosen und die Trockenfrüchte in einen Topf geben. Die Zwiebeln, Rosinen, den Szechuanpfeffer, die Zimtstange und den Limettensaft hinzufügen, zum Kochen bringen und bei mittlerer Hitze 40 Minuten einkochen.

4 Das Chutney mit Salz abschmecken. Anschließend die Zimtstange entfernen, die kleinere, beiseitegestellte Portion Aprikosen hinzufügen und gründlich unter das Chutney mischen.

5 Das Aprikosenchutney noch heiß in ausgespülte Twist-Off-Gläser füllen, verschließen und auf dem Kopf stehend abkühlen lassen.

KÜRBIS-APFEL-CHUTNEY

1 Das Kürbisfleisch würfeln (nicht schälen) und in einen Topf geben.

2 Zwiebeln abziehen und klein schneiden. Zwiebeln, Apfelessig, Apfelsaft, Zimtstange, Kardamomkapseln, Sternanis und wenig Salz hinzufügen und zum Kochen bringen. 25 bis 30 Minuten weich kochen.

3 Die Äpfel waschen, von den Kerngehäusen befreien und in feine Würfel schneiden.

4 Zimtstange, Kardamom und Sternanis aus dem Topf nehmen und den Kürbis mit dem Mixstab pürieren.

5 Die Apfelwürfel, die Sultaninen, den Agavendicksaft, Zitronenabrieb und Zitronensaft unter den pürierten Kürbis heben.

6 Kürbis-Apfel-Chutney mit Salz abschmecken. Noch heiß in ausgespülte Twist-Off-Gläser füllen, verschließen und auf dem Kopf stehend abkühlen lassen.

vegan | laktosefrei | glutenfrei

Ergibt 4 Gläser à 250 ml

750 g Hokkaido-Fruchtfleisch
3 Zwiebeln
4 EL Apfelessig
250 ml Apfelsaft
1 Zimtstange
4 grüne Kardamomkapseln
1 Sternanis
Meersalz
3 saure Äpfel
50 g Sultaninen
2 EL Agavendicksaft
abgeriebene Schale und Saft von 1 unbehandelten Zitrone

Zubereitungszeit 30 Minuten plus 30 Minuten Garzeit

Haltbarkeit Abgefüllt in Gläsern im Kühlschrank mindestens 12 Monate haltbar

GRÜNE SELLERIESALSA

vegan | laktosefrei | glutenfrei

Ergibt 3 Gläser à 250 ml

1 kg Staudensellerie
3 weiße Zwiebeln
10 Soloknoblauchzehen
3 EL Szechuanpfeffer, geröstet
3 EL Agavendicksaft
3 EL Apfelessig
1 Bund Minze
1 Bund Dill
Meersalz

Zubereitungszeit 35 Minuten plus 25 Minuten Garzeit

Haltbarkeit Abgefüllt in Gläsern im Kühlschrank mindestens 12 Monate haltbar

1 Sellerie waschen, putzen und in Scheibchen schneiden. Zwiebeln und Knoblauch abziehen und in feine Würfel schneiden.

2 Sellerie, Zwiebeln, Knoblauch, Szechuanpfeffer, Agavendicksaft und Apfelessig in einen Topf geben, zum Kochen bringen und unter ständigem Rühren bei mittlerer Hitze ca. 25 Minuten leicht einkochen.

3 Minze und Dill waschen und trockenschwenken. Minzeblättchen und Dillspitzen abzupfen und fein schneiden. Die Kräuter unter die Selleriesalsa heben und mit Salz abschmecken.

4 Die grüne Selleriesalsa möglichst heiß in ausgespülte Twist-Off-Gläser füllen, verschließen und auf dem Kopf stehend abkühlen lassen.

TIPP Die Salsa wird zum pikanten Brotaufstrich, wenn man sie nach dem Einkochen mithilfe einer Flotten Lotte fein passiert.

FEIGE MARRAKESCH

vegan | laktosefrei | glutenfrei

Ergibt 2 Gläser à 250 ml

250 g getrocknete Feigen
2 rote Zwiebeln
3 Soloknoblauchzehen
2 rote Chilischoten
1/8 l Birnensaft
1 Zimtstange
4 grüne Kardamomkapseln
1 Sternanis
50 ml Himbeeressig
Meersalz
Currypulver

Zubereitungszeit 15 Minuten plus 15 Minuten Garzeit

Haltbarkeit Abgefüllt in Gläsern im Kühlschrank mindestens 12 Monate haltbar

1 Die getrockneten Feigen in feine Würfel schneiden und in einen Topf geben.

2 Die Zwiebeln und den Knoblauch abziehen und sehr fein schneiden.

3 Die Chilischoten unter fließendem kaltem Wasser halbieren, entkernen und fein würfeln. (Am besten mit Handschuhen arbeiten und das Schneidebrett anschließend mit Zitrone abreiben.)

4 Zwiebeln, Knoblauch, Birnensaft, Chili, Zimtstange, Kardamomkapseln und Sternanis zugeben, zum Kochen bringen und bei mittlerer Hitze ca. 15 Minuten köcheln lassen.

5 Den Himbeeressig zugeben und den Aufstrich mit Salz und Currypulver abschmecken.

6 Die Feige Marrakesch noch heiß in ausgespülte Twist-Off-Gläser füllen, verschließen und auf dem Kopf stehend abkühlen lassen.

KASTANIENKROKANT

1 Den Backofen auf 185 °C (Umluft 170 °C, Gas Stufe 3) vorheizen.

2 Die gegarten Kastanien mit einem Messer fein hacken. Thymian waschen, trockenschwenken und zupfen.

3 Ingwer, Thymianblättchen, Agavendicksaft, Rapsöl und Salz auf einem mit Backpapier ausgelegten Backblech verteilen.

4 Den Kastanienkrokant im vorgeheizten Backofen bei 185 °C 15 bis 20 Minuten kross ausbacken. Anschließend den Krokant locker nebeneinanderliegend abkühlen lassen.

VARIANTE Eine herzhafte Aufstrichvariante aus diesem Grundrezept ist ein Zwiebelmus mit Biss: Hierfür 2 Soloknoblauchzehen abziehen und hacken. 2 Gemüsezwiebeln abziehen, würfeln und mit dem Knoblauch in eine große Pfanne geben. 100 Milliliter Apfelsaft hinzufügen und unter ständigem Rühren 10 Minuten breiig einkochen lassen. Abkühlen lassen und mit Salz und Pfeffer abschmecken. 2 ausgespülte Twist-Off-Gläser (150 Milliliter) zur einen Hälfte mit dem Zwiebelmus, zur anderen Hälfte mit Kastanienkrokant auffüllen. Das Zwiebelmus mit Biss hält sich im Kühlschrank mindestens 2 Wochen.

vegan | laktosefrei | glutenfrei

Ergibt ca. 300 g Krokant

250 g gegarte Kastanien

5 Zweige Thymian

50 g frischer Ingwer, fein gewürfelt

2 EL Agavendicksaft

2 EL Rapsöl

Meersalz

Zubereitungszeit 10 Minuten plus 20 Minuten Backzeit

HÜTTENKÄSE SCHNELL UND SCHMACKHAFT

HÜTTENKÄSE GRÜNE WIESE

glutenfrei

Ergibt 2 Gläser à 250 ml

300 g Hüttenkäse

100 g Crème fraîche

1 EL Olivenöl

1 Bund Minze, fein geschnitten

2 EL Pistazienschrot, geröstet

abgeriebene Schale und Saft von 2 unbehandelten Limetten

Meersalz

Zubereitungszeit 15 Minuten

Haltbarkeit Abgefüllt in Gläsern im Kühlschrank mindestens 2 Wochen haltbar

1 Hüttenkäse, Crème fraîche und Olivenöl in eine Schüssel geben und gut vermischen.

2 Geschnittene Minzeblättchen, Pistazienschrot, Limettenabrieb und Limettensaft hinzufügen und gut untermischen. Mit Salz abschmecken.

3 Den Hüttenkäse Grüne Wiese in ausgespülte Twist-Off-Gläser füllen, verschließen und kühl stellen.

HÜTTENKÄSE MIT GURKE UND BISS

glutenfrei

Ergibt 2 Gläser à 250 ml

300 g Hüttenkäse

1 EL Olivenöl

1 Salatgurke

helle Sojasauce

1 EL Haselnusskrokant

1 EL Sesam, geröstet

Meersalz

Zubereitungszeit 10 Minuten

Haltbarkeit Abgefüllt in Gläsern im Kühlschrank mindestens 2 Wochen haltbar

1 Hüttenkäse und Olivenöl in einer Schüssel verrühren.

2 Die Salatgurke schälen, halbieren, entkernen und in sehr feine Würfel schneiden. Gurkenwürfel auf einen Teller geben und in der Sojasauce marinieren.

3 Haselnusskrokant, Sesam und Gurkenwürfel mit dem Hüttenkäse vermischen. Mit Salz abschmecken. Den Hüttenkäse in ausgespülte Twist-Off-Gläser füllen und kühl stellen.

ORIENTALISCHER HÜTTENKÄSE

glutenfrei

Ergibt 2 Gläser à 250 ml

300 g Hüttenkäse

50 g Joghurt

3 EL Arganöl

50 g getrocknete Aprikosen, fein gewürfelt

50 g getrocknete Pflaumen, fein gewürfelt

abgeriebene Schale von 3 unbehandelten Zitronen

Meersalz

Zubereitungszeit 15 Minuten

Haltbarkeit Abgefüllt in Gläsern im Kühlschrank mindestens 2 Wochen haltbar

1 Hüttenkäse, Joghurt und Arganöl in eine Schüssel geben und verrühren.

2 Aprikosen und Pflaumen fein würfeln. Zitronenabrieb, Aprikosen und Pflaumen zugeben, vermischen und mit Salz abschmecken.

3 Den orientalischen Hüttenkäse in ausgespülte Twist-Off-Gläser füllen, verschließen und kühl stellen.

ZIEGENKÄSE VON EINFACH BIS RAFFINIERT

ZIEGENKÄSEBASIS

glutenfrei

Ergibt 10–12 Portionen

250 g Ziegenfrischkäse

1 EL Olivenöl

abgeriebene Schale und Saft von 1 unbehandelten Zitrone

1 Ziegenfrischkäse, Olivenöl, Zitronenabrieb und Zitronensaft in einer Schüssel mit dem Schneebesen luftig aufschlagen.

TIPP Diese Basiscreme kann man natürlich auch solo genießen.

ZIEGENKÄSECREME MIT THYMIAN-CRUNCH

glutenfrei

Ergibt 10–12 Portionen

150 g Haselnusskerne

50 g frische Thymianblättchen

25 g brauner Zucker

5 g Meersalz

250 g Ziegenkäsebasis (siehe obenstehendes Rezept)

schwarzer Pfeffer, frisch gemahlen

Zubereitungszeit 20 Minuten plus 20 Minuten Backzeit

Haltbarkeit Im Kühlschrank mindestens 2 Wochen haltbar

1 Den Backofen auf 175 °C (Umluft 160 °C, Gas Stufe 2–3) vorheizen.

2 Die Haselnusskerne in einer Nussmühle schroten.

3 Thymianblättchen, Nussschrot, Zucker und Meersalz gut vermischen und auf einem mit Backpapier ausgelegten Backblech verteilen. Im vorgeheizten Backofen bei 175 °C ca. 20 Minuten ausbacken.

4 Den Thymian-Nuss-Crunch abkühlen lassen und anschließend im Mörser zerstoßen.

5 Ziegenkäsebasis mit dem Thymian-Nuss-Crunch in einer Schüssel vermischen und mit Salz und Pfeffer abschmecken.

QUARKWELTEN

CREMIGE QUARK-SAHNE-BASIS

glutenfrei

Ergibt 12 Portionen

100 g Sahne

Meersalz

250 g Sahnequark

Zubereitungszeit 10 Minuten

Haltbarkeit Im Kühlschrank maximal 1 Woche haltbar

1 Die Sahne mit etwas Salz in einen hohen Rührbecher geben und steif schlagen.

2 Den Sahnequark in eine gut gekühlte Stahlschüssel füllen und die Sahne vorsichtig unterheben. Die Quark-Sahne-Basis gut gekühlt im Kühlschrank aufbewahren.

QUARKWÖLKCHEN MIT KRÄUTER-INFUSION

glutenfrei

Ergibt 8–10 Portionen

1 Bund Kräuter für Frankfurter Grüne Sauce

5 EL Olivenöl

abgeriebene Schale und Saft von 2 unbehandelten Zitronen

2 EL Limettensaft

Meersalz

350 g Quark-Sahne-Basis (siehe nebenstehendes Rezept)

Zubereitungszeit 15 Minuten

Haltbarkeit Im Kühlschrank mindestens 1 Woche haltbar

1 Kräuter waschen, trockenschwenken und zupfen. Gezupfte Kräuter, Olivenöl, Zitronenabrieb und Zitronensaft, Limettensaft und etwas Salz in einen hohen Rührbecher geben und mit dem Mixstab fein pürieren.

2 Die Kräuterinfusion mit einem Holzlöffel vorsichtig unter die cremige Quark-Sahne-Basis heben.

QUARK MIT SCHWARZBROT-CRUNCH

Ergibt 8–10 Portionen

50 g Schwarzbrot, fein zerbröselt

1 Prise Salz

1 TL Agavendicksaft

350 g Quark-Sahne-Basis (siehe nebenstehendes Rezept)

Zubereitungszeit 15 Minuten

Haltbarkeit Im Kühlschrank mindestens 1 Woche haltbar

1 Das fein zerbröselte Schwarzbrot in eine beschichtete Pfanne geben und unter Rühren 5 Minuten kross anrösten.

2 Das angeröstete Schwarzbrot mit Salz und Agavendicksaft vermischen und noch warm zur cremigen Quark-Sahne-Basis reichen.

AROMENBUTTER

LUFTIG AUFGESCHLAGENE BUTTER

glutenfrei

Ergibt 10 Portionen

250 g weiche, fein gesalzene Butter

Zubereitungszeit 10 Minuten

1 Die zimmerwarme Butter in die Rührschüssel einer Küchenmaschine geben und schaumig schlagen.

2 Anschließend mit den gewünschten Zutaten gut vermengen.

3 Nun hat man die Wahl: Die Butter zu Kugeln formen. Butter in eine Form oder ausgehöhlte Zitronenhälften streichen. Die Butter zwischen zwei Lagen Pergament zu einer Rolle formen.

CURRY-ANANAS-BUTTER

glutenfrei

Ergibt 10 Portionen

100 ml Ananassaft

2 EL Currypulver

250 g luftig aufgeschlagene Butter (siehe Grundrezept)

Zubereitungszeit 15 Minuten

Haltbarkeit Im Kühlschrank mindestens 2 Wochen haltbar

1 Ananassaft und Currypulver in einen Topf geben, verrühren und zum Kochen bringen. Die Mischung etwa 5 Minuten kochen lassen.

2 Die Curry-Ananas-Reduktion 20 Minuten im Kühlschrank abkühlen lassen. Anschließend gut gekühlt unter die schaumig geschlagene Butter rühren.

ORIENTALISCHE KRÄUTERBUTTER

glutenfrei

Ergibt 10 Portionen

je 1 Bund Koriander- und Minzeblättchen, fein geschnitten

1 TL Salz

250 g luftig aufgeschlagene Butter (siehe Grundrezept)

Zubereitungszeit 10 Minuten

Haltbarkeit Im Kühlschrank mindestens 2 Wochen haltbar

1 Die Kräuter waschen, trockenschleudern und die Blättchen von den Stängeln zupfen. Die Blättchen fein schneiden.

2 Die fein geschnittenen Minzeblättchen, den Koriander und das Salz unter die schaumig geschlagene Butter heben.

SZECHUANPFEFFER-INGWER-BUTTER

glutenfrei

Ergibt 10 Portionen

1 EL Szechuanpfeffer

1 EL frischer Ingwer, fein gewürfelt

250 g luftig aufgeschlagene Butter (siehe Grundrezept)

Zubereitungszeit 15 Minuten

Haltbarkeit Im Kühlschrank mindestens 2 Wochen haltbar

1 Szechuanpfeffer und fein gewürfelten Ingwer in eine beschichtete Pfanne geben und bei mittlerer Hitze unter ständigem Rühren ca. 5 Minuten anrösten.

2 Die Ingwer-Pfeffer-Mischung noch heiß im Steinmörser mörsern und anschließend unter die schaumig geschlagene Butter heben.

BUTTER MIT ROSMARIN-CRUNCH

glutenfrei

Ergibt 10 Portionen

250 g Mandelkerne

2 Bund Rosmarin

1 TL Salz

1 TL brauner Zucker

250 g luftig aufgeschlagene Butter (siehe Grundrezept)

Zubereitungszeit 20 Minuten

Haltbarkeit Im Kühlschrank mindestens 4 Wochen haltbar

1 Mandeln in einer Nussmühle schroten. Rosmarin waschen, trockenschwenken, zupfen und hacken.

2 Rosmarin, Mandelschrot, Salz und Zucker in eine beschichtete Pfanne geben und bei mittlerer Hitze unter ständigem Rühren ca. 10 Minuten anrösten.

3 Die Mischung abkühlen lassen und anschließend unter die schaumig geschlagene Butter heben.

TOMATEN-KNOBLAUCH-BUTTER

glutenfrei

Ergibt 10 Portionen

50 g eingelegte, getrocknete Tomaten

1 Soloknoblauchzehe

5 Zweige Thymian

250 g luftig aufgeschlagene Butter (siehe Grundrezept)

Zubereitungszeit 15 Minuten

Haltbarkeit Im Kühlschrank mindestens 2 Wochen haltbar

1 Die getrockneten Tomaten fein würfeln. Knoblauch abziehen und fein schneiden. Thymian waschen, trockenschwenken und zupfen.

2 Tomaten, Knoblauch und die Thymianblättchen unter die schaumig geschlagene Butter heben.

INGWER-ZITRONEN-BUTTER

glutenfrei

Ergibt 10 Portionen

1 EL Zitronenabrieb

1 EL frischer Ingwer, fein gewürfelt

1 TL Akazienhonig

1 TL Salz

250 g luftig aufgeschlagene Butter (siehe Grundrezept Seite 54)

3–6 ausgehöhlte Zitronenhälften (je nach Größe der Zitronen)

Zubereitungszeit 15 Minuten

Haltbarkeit Im Kühlschrank mindestens 2 Wochen haltbar

1 Zitronenabrieb, fein gewürfelten Ingwer, Akazienhonig und Salz unter die schaumig geschlagene Butter heben.

2 Die Butter zum Servieren in ausgehöhlte Zitronenhälften streichen.

FENCHEL-KARDAMOM-BUTTER

glutenfrei

Ergibt 10 Portionen

1 EL grüne Kardamomkapseln

1 TL grobes Salz

1 EL Fenchelsamen

1 TL Zitronenabrieb

250 g luftig aufgeschlagene Butter (siehe Grundrezept Seite 54)

Zubereitungszeit 15 Minuten

Haltbarkeit Im Kühlschrank mindestens 2 Wochen haltbar

1 Kardamomkapseln, Salz, Fenchelsamen und Zitronenabrieb in eine beschichtete Pfanne geben und erhitzen. Bei mittlerer Hitze 5 Minuten unter Rühren anrösten.

2 Die Fenchel-Kardamom-Mischung noch warm in einem Steinmörser mörsern und unter die schaumig geschlagene Butter heben.

ROSMARIN-ZWIEBEL-BUTTER

glutenfrei

Ergibt 10 Portionen

1 rote Zwiebel

3 Zweige Rosmarin

1 TL brauner Zucker

250 g luftig aufgeschlagene Butter (siehe Grundrezept Seite 54)

Zubereitungszeit 15 Minuten

Haltbarkeit Im Kühlschrank mindestens 2 Wochen haltbar

1 Die Zwiebel abziehen und fein schneiden. Rosmarin waschen, trockenschwenken und zupfen.

2 Zwiebeln, Rosmarin und Zucker in eine beschichtete Pfanne geben, erhitzen und 5 Minuten anrösten.

3 Die noch warmen Zutaten mit einem scharfen Messer hacken und lauwarm unter die schaumig geschlagene Butter heben.

RAS-EL-HANOUT-BUTTER

glutenfrei

Ergibt 10 Portionen

2 EL Ras el-Hanout

1 TL Zucker

250 g luftig aufgeschlagene Butter (siehe Grundrezept Seite 54)

Zubereitungszeit 5 Minuten

Haltbarkeit Im Kühlschrank mindestens 2 Wochen haltbar

1 Ras el-Hanout und Zucker in einer Rührschüssel mischen.

2 Die Gewürzmischung unter die schaumig geschlagene Butter heben.

3 Die Ras-el-Hanout-Butter anschließend zu einer Rolle formen.

ZITRONEN-OLIVEN-BUTTER

glutenfrei

Ergibt 10 Portionen

50 g grüne Oliven, entsteint

1 EL Zitronenabrieb

250 g luftig aufgeschlagene Butter (siehe Grundrezept Seite 54)

Zubereitungszeit 15 Minuten

Haltbarkeit Im Kühlschrank mindestens 2 Wochen haltbar

1 Die Oliven mit einem großen Messer fein hacken und in eine Rührschüssel geben. Den Zitronenabrieb hinzufügen und untermischen.

2 Die Oliven-Zitronenschalen-Mischung unter die schaumig geschlagene Butter heben.

CAFÉ-DE-PARIS-BUTTER

glutenfrei

Ergibt 10 Portionen

2 EL Café de Paris

250 g luftig aufgeschlagene Butter (siehe Grundrezept Seite 54)

Zubereitungszeit 5 Minuten

Haltbarkeit Im Kühlschrank mindestens 2 Wochen haltbar

1 Die Gewürzmischung Café de Paris in eine Rührschüssel geben.

2 Die schaumig geschlagene Butter hinzufügen und unterheben.

3 Die Café-de-Paris-Butter anschließend zu einer Rolle formen und kühl stellen.

MIT FLEISCH & FISCH

FOCACCIA

1 Mehl und 1 Teelöffel Salz in einer Rührschüssel vermischen. In der Mitte eine kleine Mulde formen.

2 Die Hefe in 125 Milliliter lauwarmem Wasser auflösen, gut verrühren und in die Mehlmulde füllen. Den Teig mit einem Holzlöffel grob verrühren und mit den Händen zu einem geschmeidigen Teig formen.

3 2 Esslöffel Olivenöl zugeben und den Teig auf der Arbeitsplatte mit wenig Mehl gut durchkneten. Den Teig zu einer Kugel formen, mit einem sauberen Tuch abdecken und an einem warmen Ort mindestens 1 Stunde gehen lassen.

4 Den Backofen auf 200 °C (Umluft 180 °C, Gas Stufe 3–4) vorheizen.

5 Den Teig auf einem leicht geölten Backblech ausrollen und mit 1 Teelöffel Salz bestreuen und 1 Esslöffel Olivenöl beträufeln.

6 Die Focaccia 25 Minuten im vorgeheizten Backofen bei 200 °C backen.

laktosefrei

Ergibt 1 Focaccia

200 g Mehl
2 TL Meersalz
35 g frische Hefe
3 EL ligurisches Olivenöl
Mehl für die Arbeitsfläche

Zubereitungszeit 1½ Stunden plus 25 Minuten Backzeit

TIPP Focaccia kann man beliebig aromatisieren. Beispielsweise mit frisch gezupften Kräutern wie Rosmarin, Thymian oder kleinen, in Olivenöl eingelegten, kernlosen Oliven. Wunderbar schmecken ebenfalls selbst getrocknete Cocktailtomaten oder leicht karamellisierte frische Salbeiblätter.

HÄHNCHENSANDWICH

Ergibt 2 Portionen

1 Baguette

50 g weiche Café-de-Paris-Butter (siehe Rezept Seite 57)

2 Hähnchenbrustfilets ohne Haut

2 Birnen

Meersalz

schwarzer Pfeffer, frisch gemahlen

1 EL Ahornsirup

3 EL Walnusskerne

1 Bund Rucola

Zubereitungszeit 30 Minuten

1 Das Baguette der Länge nach aufschneiden und mit der zimmerwarmen Café-de-Paris-Butter bestreichen.

2 Eine beschichtete Pfanne erhitzen. Die Hähnchenbrustfilets darin ohne Öl beidseitig bei mittlerer Hitze 10 bis 15 Minuten anbraten. Anschließend aus der Pfanne nehmen und auf einem Holzbrett abkühlen lassen.

3 Die Birnen waschen, das Kerngehäuse entfernen und das Fruchtfleisch in feine Spalten schneiden.

4 Die Birnenspalten in die noch heiße Pfanne geben. Mit etwas Salz und Pfeffer würzen. Den Ahornsirup hinzufügen und mischen. Nach 5 Minuten die glasierten Birnenspalten zum Abkühlen auf Backpapier legen.

5 Die Walnüsse klein hacken und in derselben Pfanne bei mittlerer Hitze 5 Minuten leicht anrösten. Mit Salz abrunden und zum Abkühlen auf einen Teller geben.

6 Den Rucola waschen und trockenschwenken.

7 Die mit der Butter bestrichenen Baguettehälften zuerst mit dem Rucola und dann mit den glasierten Birnenspalten belegen.

8 Die Hähnchenbrustfilets in feine Tranchen schneiden, auf die Birnenspalten legen und mit den Walnüssen abrunden. Nach Geschmack salzen und pfeffern. Die Baguetteoberseiten auflegen, das Hähnchensandwich leicht zusammendrücken, schräg durchschneiden und sofort servieren.

GEFLÜGELLEBER-AUFSTRICH

1 Die Zwiebeln und den Knoblauch abziehen und in feine Würfel schneiden.

2 Die Butter in einer Pfanne erhitzen. Die zerkleinerten Zwiebeln und den Knoblauch hinzufügen und darin anschwitzen. Die Geflügelleber zugeben und kurz anrösten. Anschließend den Portwein angießen und 5 Minuten einkochen lassen.

3 Die Petersilie waschen, trockenschwenken, zupfen und grob schneiden.

4 Die geschmorte Leber in einen Standmixer füllen. Olivenöl und Petersilienblättchen hinzufügen und fein pürieren. Die Creme mit Salz, Pfeffer, Muskatnuss und wenig Chilipulver kräftig würzen.

5 Den Geflügelleberaufstrich in ausgespülte Twist-Off-Gläser füllen, verschließen und kühl stellen.

glutenfrei

Ergibt 2 Gläser à 150 ml

2 rote Zwiebeln

1 Soloknoblauchzehe

50 g fein gesalzene Butter

250 g Geflügelleber

125 ml heller, trockener Portwein

6 Stängel Blattpetersilie

3 EL Olivenöl

Meersalz

schwarzer Pfeffer, frisch gemahlen

Muskatnuss, frisch gerieben

Chilipulver

Zubereitungszeit 20 Minuten

Haltbarkeit Abgefüllt in Gläsern im Kühlschrank mindestens 1 Woche haltbar

BLUTWURST-FRISCHKÄSE-STREICH

glutenfrei

Ergibt 2 Gläser à 250 ml

2 weiße Zwiebeln
1 Soloknoblauchzehe
250 g feste Blutwurst
4 Stängel Majoran
1 EL Schmalz
Meersalz
schwarzer Pfeffer, frisch gemahlen
Muskatnuss, frisch gerieben
150 g Doppelrahmfrischkäse

Zubereitungszeit 30 Minuten

Haltbarkeit Abgefüllt in Gläsern im Kühlschrank mindestens 1 Woche haltbar

1 Zwiebeln und Knoblauch abziehen und fein würfeln. Die Blutwurst aus der Pelle drücken und in feine Würfel schneiden.

2 Majoran waschen, trockenschwenken, zupfen und die Majoranblättchen fein schneiden.

3 Das Schmalz in einer Pfanne erhitzen, bis es sprudelt. Zwiebeln, Blutwurst und Majoran hinzufügen und 5 bis 7 Minuten kross ausbacken. Dann aus der Pfanne nehmen, abkühlen lassen, leicht salzen und pfeffern. Mit 1 Prise Muskatnuss würzen.

4 Die angebratene Blutwurst in eine Rührschüssel geben, den Frischkäse hinzufügen und zu einer streichfähigen Masse vermischen.

5 Den Blutwurstaufstrich abschmecken, in ausgespülte Twist-Off-Gläser füllen, verschließen und kühl stellen.

WILDPÂTÉ

glutenfrei | laktosefrei

Ergibt 1 kg fertige Pâté in der Form

750 g Wildfleisch (z. B. Hase, Reh, Hirsch)

2 weiße Zwiebeln

2 Soloknoblauchzehen

1 Karotte

1 Stange Staudensellerie

Rapsöl

100 ml Portwein

100 ml Cognac

100 ml Rotwein

1 Zimtstange

Meersalz

schwarzer Pfeffer, frisch gemahlen

Muskatnuss, frisch gerieben

150 g weiche, fein gesalzene Butter

Zubereitungszeit 2 Stunden plus 3 Stunden Kühlzeit

Haltbarkeit Im Kühlschrank mindestens 1 Woche haltbar

1 Das Fleisch in Würfel schneiden.

2 Zwiebeln und Knoblauch abziehen und fein würfeln. Die Karotte schälen, putzen und klein schneiden. Selleriestange waschen, putzen und in feine Scheiben schneiden.

3 Das Rapsöl in einem Bräter erhitzen und das Wildfleisch, Zwiebeln, Knoblauch, Karotten und Sellerie hineingeben. Gemüse und Fleisch kross anbraten und anschließend mit Portwein, Cognac und Rotwein ablöschen. Die Zimtstange zugeben und mit Salz, Pfeffer und Muskatnuss würzen. Mit geschlossenem Deckel schmoren, bis das Fleisch gar und weich ist.

4 Wenn das Fleisch gar ist, die Zimtstange entfernen, das Schmorfleisch mit einem Schaumlöffel herausnehmen und die Flüssigkeit etwas einkochen lassen. Anschließend den Wildfond abkühlen lassen.

5 Das Fleisch durch die feine Scheibe des Fleischwolfes drehen und in eine Schüssel geben. Die weiche Butter hinzufügen und gut vermischen.

6 Den abgekühlten Wildfond unter die Creme heben. Die Masse in eine Form füllen, mit Folie bedecken, einen Deckel auflegen und 3 Stunden kühl stellen.

TIPP Zum Servieren kleine, pralinengroße Kugeln von der Pâté abstechen und diese in Nüssen wälzen: gehobelte Mandeln, Pistazien- und Haselnussschrot.

GEFLÜGELPÂTÉ

1 Das Brathähnchenfleisch von den Knochen lösen, die Haut entfernen und das Fleisch zerkleinern.

2 Zwiebeln und Knoblauch abziehen und in feine Würfel schneiden.

3 Die Butter in der Pfanne aufschäumen. Knoblauch und Zwiebeln hinzufügen und andünsten. Hähnchenleber, Lorbeerblätter und Thymianzweige zugeben und kurz anbraten. Mit Marsala ablöschen und 10 Minuten köcheln lassen.

4 Die gebratene Leber und das abgezupfte Hähnchenfleisch durch die feine Scheibe des Fleischwolfes drehen und in eine Schüssel füllen.

5 Die Sahne unterheben und die Farce mit Salz, schwarzem Pfeffer und Szechuanpfeffer würzen.

6 Die Geflügelpâté anschließend in ausgespülte Twist-Off-Gläser füllen, verschließen und im Kühlschrank ruhen lassen.

glutenfrei

Ergibt ca. 4 Gläser à 250 ml

1 fertiges Brathähnchen
3 rote Zwiebeln
2 Soloknoblauchzehen
2 EL fein gesalzene Butter
400 g frische Hähnchenleber
2 frische Lorbeerblätter
4 Zweige Thymian
100 ml Marsala
100 g Sahne
Meersalz
schwarzer Pfeffer, frisch gemahlen
geschroteter Szechuanpfeffer

Zubereitungszeit 30 Minuten

Haltbarkeit Abgefüllt in Gläsern im Kühlschrank mindestens 2 Wochen haltbar

ENTEN-CONFIT

glutenfrei | laktosefrei

Ergibt 4 Gläser à 250 ml

1 Zwiebel
2 Karotten
2 Stangen Staudensellerie
2 Soloknoblauchzehen
400 g Gänseschmalz
2 frische Lorbeerblätter
5 Zweige Rosmarin
5 Zweige Thymian
1 EL Pimentkörner
Meersalz
schwarzer Pfeffer, frisch gemahlen
2 Entenkeulen

Zubereitungszeit 1 Stunde plus 2 Stunden Garzeit

Haltbarkeit Abgefüllt in Gläsern im Kühlschrank mindestens 1 Woche haltbar

1 Einen großen Bräter erhitzen. Die Zwiebel ungeschält halbieren und mit der Schnittseite nach unten hineinlegen und kross anbraten.

2 Die Karotten schälen, putzen und grob zerkleinern. Staudensellerie waschen, putzen und in grobe Stücke schneiden. Knoblauch abziehen und klein schneiden. Das Gänseschmalz in den Bräter geben. Karotten, Sellerie und Knoblauch hinzufügen und anschmoren.

3 Lorbeerblätter, Rosmarin- und Thymianzweige, Pimentkörner, Salz und Pfeffer hinzufügen. Die Entenkeulen zugeben und bei mittlerer Hitze und geschlossenem Deckel 2 Stunden schmoren, bis sie zart sind.

4 Die Keulen herausnehmen und das Fleisch vom Fett sowie den Knochen befreien. Das Entenfleisch fein zupfen und in ausgespülte Twist-Off-Gläser füllen.

5 Das heiße Schmalz durch ein Sieb abgießen, dabei auffangen und noch heiß in die Gläser auf das Entenfleisch gießen. Die Gläser sofort verschließen.

ELSÄSSER WURSTSALAT

glutenfrei

Ergibt 4 Portionen

- 1 Gemüsezwiebel
- 1 EL Zucker
- 1 TL Meersalz
- 800 g Geflügelfleischwurst in Scheiben
- 170 g Grünländer Schnittkäse »Mild & Nussig«
- 6 Cornichons
- 1 Bund Schnittlauch
- 1 EL Apfelessig
- 1 EL naturtrüber Apfelsaft
- 2 EL Rapsöl

Zubereitungszeit 20 Minuten plus 1 Stunde Marinierzeit

1 Die Gemüsezwiebel abziehen und in feine Ringe schneiden. (Das kann man am besten mit der Aufschnittmaschine erledigen, falls vorhanden.)

2 Die Zwiebelringe in eine Schüssel geben. Zucker und Salz hinzufügen und mit den Händen gut durchkneten. Die Zwiebeln abgedeckt 30 Minuten bei Zimmertemperatur ziehen lassen.

3 Die Geflügelfleischwurst und die Käsescheiben in feine Stifte schneiden und in eine separate Schüssel füllen.

4 Die Cornichons sehr fein würfeln. Den Schnittlauch waschen, trockenschwenken und in 2 Zentimeter lange Röllchen schneiden. Schnittlauchröllchen und Cornichons hinzufügen.

5 Die marinierten Zwiebeln gut unter die Wurst- und Käsemasse heben. Apfelessig, Apfelsaft und Rapsöl hinzufügen, gut mischen und weitere 30 Minuten bei Zimmertemperatur ziehen lassen.

SCHINKENCREME

glutenfrei

Ergibt 2 Gläser à 250 ml

150 g gekochter Schinken
250 g Sahnequark
150 g fein gesalzene Butter
1 Bund Blattpetersilie
½ TL rote Pfefferkörner
Worcestersauce

Zubereitungszeit 15 Minuten

Haltbarkeit Abgefüllt in Gläsern im Kühlschrank mindestens 1 Woche haltbar

1 Den gekochten Schinken, den Sahnequark und die Butter in einen Standmixer geben.

2 Petersilie waschen, trockenschwenken und zupfen.

3 Die gezupften Petersilienblättchen und die roten Pfefferkörner zu dem Schinken und dem Quark in den Mixer geben und fein pürieren. Nach Geschmack mit etwas Worcestersauce verfeinern.

4 Den Schinkenaufstrich in ausgespülte Twist-Off-Gläser füllen und sofort verschließen.

VARIANTE Ein cremiger Aufstrich mit leichtem Biss ergibt sich, wenn man nur 100 Gramm gekochten Schinken püriert. Die restlichen 50 Gramm Schinken fein würfeln und unter die Creme rühren. Als Topping schmeckt zum Schinkenaufstrich der Thymian-Nuss-Crunch (siehe Rezept Seite 51).

WIE BUTTER

1 Die Äpfel waschen, von den Kerngehäusen befreien und das Fruchtfleisch fein würfeln.

2 Eine beschichtete Pfanne erhitzen. Äpfel, Majoran, Ingwer und Speckwürfel hineingeben und in der Pfanne kross anbraten.

3 Die gebratene Mischung anschließend in eine Schüssel geben und abkühlen lassen.

4 Weiche Butter und Mascarpone mit dem Handrührgerät schaumig aufschlagen. Die Apfelmasse unterheben und mit Salz und Pfeffer abschmecken.

TIPP Diesen Aufstrich können Sie genauso wie die Aromenbutter zwischen Pergament zur Rolle formen und einfrieren. Dann eignet sie sich z. B. als Topping zu kurzgebratenem Geflügel, Fisch oder Fleisch.

glutenfrei

Ergibt 500 g

4 Äpfel

4 EL frischer Majoran, fein geschnitten

2 EL frischer Ingwer, fein gewürfelt

50 g Speckwürfel

300 g weiche, fein gesalzene Butter

50 g Mascarpone

Meersalz

schwarzer Pfeffer, frisch gemahlen

Zubereitungszeit 20 Minuten

Haltbarkeit Gekühlt mindestens 3 Monate haltbar

MARINIERTES METT

laktosefrei | glutenfrei

Ergibt 1 Glas à 250 ml

1 Zwiebel
2 Soloknoblauchzehen
1 EL frischer Ingwer, fein gewürfelt
2 EL Akazienhonig
2 EL Rapsöl mit Butteraroma
2 EL heller Aceto balsamico
2 EL Gin
6 Stängel Schnittlauch
200 g Zwiebelmett
Meersalz
schwarzer Pfeffer, frisch gemahlen

Zubereitungszeit 20 Minuten

Haltbarkeit Gekühlt mindestens 1 Woche haltbar

1 Die Zwiebel und den Knoblauch abziehen und in feine Würfel schneiden.

2 Zerkleinerte Zwiebeln, Knoblauch, Ingwer, Akazienhonig, Rapsöl, Aceto balsamico und Gin in einen kleinen Topf geben, erhitzen und zum Kochen bringen. Etwa 7 Minuten einkochen und anschließend abkühlen lassen.

3 Den Schnittlauch waschen, trockenschwenken, in Röllchen schneiden und in eine Schüssel geben.

4 Die abgekühlte Essigreduktion zu den Schnittlauchröllchen in die Schüssel geben. Das Zwiebelmett hinzufügen und alles gut verkneten. Mit Salz und Pfeffer abschmecken.

5 Das Zwiebelmett in ein ausgespültes Twist-Off-Glas füllen und sofort verschließen.

BLITZ-PORTWEINCREME

1 Kalbsleberwurst, Butter, Portwein und wenig Szechuanpfeffer in einen hohen Rührbecher füllen.

2 Majoran waschen, trockenschwenken und zupfen. Die Majoranblättchen hinzufügen. Die Masse mit dem Mixstab fein pürieren.

3 Die Portweincreme in ein ausgespültes Twist-Off-Glas füllen, verschließen und kühl stellen.

VARIANTE Verfeinern lässt sich die Portweincreme mit 50 Gramm getrockneten Cranberrys, die über Nacht in 100 Milliliter Cognac eingelegt werden. Am nächsten Tag die Cranberrys gut ausdrücken und unter die fertige Creme heben. Je nach Geschmack können Sie auch dieselbe Menge an Rosinen, Sultaninen oder getrockneten, gewürfelten Pflaumen in einen Alkohol Ihrer Wahl einlegen. Eine fruchtig-frische Note erhält die Creme zudem mit einem entkernten und feinst gewürfelten Apfel. Die Apfelwürfel über Nacht in 100 Milliliter Apfelsaft im Kühlschrank ziehen lassen, am nächsten Tag abgießen und mit dem Abrieb einer unbehandelten Zitrone unter die Portweincreme heben.

glutenfrei

Ergibt 1 Glas à 250 ml

200 g Kalbsleberwurst
50 g fein gesalzene Butter
100 ml Portwein
Szechuanpfeffer
1 Stängel Majoran

Zubereitungszeit 15 Minuten

Haltbarkeit Abgefüllt in Gläsern im Kühlschrank mindestens 1 Woche haltbar

LAUCH-CROÛTON-PUTEN-STREICH

1 Die Putenbrust in feine Würfel schneiden. Die Zwiebeln abziehen und fein schneiden.

2 Zwiebeln, Rosinen und Putenfleisch in eine beschichtete Pfanne geben und ohne Fett 5 Minuten anrösten. Dann 1 Esslöffel Rapsöl zugeben und 3 bis 5 Minuten kross anbraten. Anschließend aus der Pfanne nehmen und in einer Schüssel abkühlen lassen.

3 Die Toastbrotscheiben in Würfel schneiden. 1 Esslöffel Rapsöl in der Pfanne erhitzen, die Brotwürfel zugeben und gelb ausbacken. Die Croûtons anschließend in einen Standmixer geben.

4 Den Backofen auf 185 °C (Umluft 160 °C) vorheizen.

5 Den Lauch waschen, fein schneiden und in derselben Pfanne ohne Öl anbraten. Nach 5 Minuten mit dem Cognac ablöschen und dann in den Standmixer geben. Thymianblättchen, etwas Salz und Pfeffer hinzufügen und alles fein pürieren.

6 Die pürierte Lauch-Croûton-Masse gut mit dem Putenfleisch mischen, anschließend in ausgespülte Twist-Off-Gläser füllen und glatt streichen.

7 Die Gläser in eine Auflaufform stellen. Etwas Wasser in die Form füllen. Die Putenbrustcreme 1 Stunde im Backofen backen. Anschließend sofort mit Deckeln verschließend und abkühlen lassen.

laktosefrei

Ergibt 2 Gläser à 250 ml

300 g Putenbrustfilet ohne Haut

2 rote Zwiebeln

2 EL helle Rosinen

2 EL Rapsöl mit Buttergeschmack

3 Scheiben Toastbrot

½ Stange Lauch

2 EL Cognac

1 EL frische Thymianblättchen

Meersalz

schwarzer Pfeffer, frisch gemahlen

Zubereitungszeit 20 Minuten plus 1 Stunde Marinierzeit

CURRY-HÄHNCHEN-AUFSTRICH

glutenfrei

Ergibt 2 Gläser à 250 ml

300 g Hähnchenbrustfilet ohne Haut

150 ml Apfelsaft

1 Stiel Zitronengras, angedrückt

4 grüne Kardamomkapseln

2 weiße Zwiebeln

1 Apfel

1 Stange Staudensellerie

abgeriebene Schale und Saft von 1 unbehandelten Zitrone

100 g Crème fraîche

2 EL Currypulver

Meersalz

schwarzer Pfeffer, frisch gemahlen

Zubereitungszeit 1 Stunde

Haltbarkeit Abgefüllt in Gläsern im Kühlschrank mindestens 1 Woche haltbar

1 Hähnchenbrustfilet, Apfelsaft, Zitronengras und Kardamom in einen Topf geben, zum Kochen bringen und bei mittlerer Hitze 15 Minuten sanft garen.

2 Das Hähnchenbrustfilet herausnehmen und noch warm in feine Würfel schneiden. Hähnchenfleisch in eine Schüssel geben.

3 Zwiebeln abziehen und fein würfeln. Den Apfel waschen, das Kerngehäuse entfernen und das Fruchtfleisch in feine Würfel schneiden. Zwiebeln und Apfelwürfel in den heißen Sud geben und bei mittlerer Hitze 10 Minuten garen.

4 Staudensellerie waschen, putzen, in feine Würfel schneiden und mit dem Zitronenabrieb und dem Zitronensaft mischen.

5 Zwiebel- und Apfelwürfel mit einer Schaumkelle aus dem Sud heben und zu dem Hähnchenfleisch in die Schüssel geben. Staudenselleriewürfelchen, Crème fraîche und Currypulver hinzufügen und mischen.

6 Den Curry-Hähnchen-Aufstrich mit Salz und Pfeffer abschmecken, in ausgespülte Twist-Off-Gläser füllen und sofort verschließen.

PUTENFLEISCH-AUFSTRICH

1 Die Putenbrust fein würfeln. Die Zwiebel abziehen und fein schneiden.

2 Eine beschichtete Pfanne erhitzen. Putenfleischwürfel und geschnittene Zwiebeln in die Pfanne geben und 7 bis 10 Minuten trocken anrösten. Anschließend die Pfanne vom Herd nehmen und das Fleisch 20 Minuten abkühlen lassen.

3 Zwei Drittel der Puten-Zwiebel-Masse in einen hohen Rührbecher füllen. Den Ziegenfrischkäse und die weiche Butter zugeben und mit dem Mixstab pürieren.

4 Den Apfel schälen, vom Kerngehäuse befreien und in feine Würfel schneiden. Eine beschichtete Pfanne erhitzen. Apfelwürfel, Zitronenabrieb, Zitronensaft und Honig hineingeben und glasieren. Mit Currypulver bestäuben, die Pfanne vom Herd nehmen und die Äpfel 20 Minuten abkühlen lassen.

5 Apfelwürfel und Putenfleisch unter den Putenfleischaufstrich heben und mit etwas Salz abschmecken. Anschließend in ausgespülte Twist-Off-Gläser füllen und sofort verschließen.

glutenfrei

Ergibt 2 Gläser à 250 ml

150 g Putenbrustfilet

1 weiße Zwiebel

100 g Ziegenfrischkäse

50 g weiche, fein gesalzene Butter

1 Apfel

abgeriebene Schale und Saft von 2 unbehandelten Zitronen

Honig

1 TL Currypulver

1 Prise Salz

Zubereitungszeit 1 Stunde

Haltbarkeit Im Kühlschrank mindestens 2 Wochen haltbar

TIPP Diesen Aufstrich kann man prima zu kleinen Kugeln formen. Anschließend einfach durch frisch geschnittene Schnittlauchröllchen oder fein gehackte Minze rollen und als Snack zum Salat reichen.

MATJESCREME

glutenfrei

Ergibt 4 Portionen

2 Matjesfilets
100 g Schmand
50 g Crème fraîche
2 TL Sahnemeerrettich
1 unbehandelte Zitrone
Meersalz
schwarzer Pfeffer, frisch gemahlen

Zubereitungszeit 15 Minuten

Haltbarkeit Im Kühlschrank mindestens 1 Woche haltbar

1 Die Matjesfilets in Würfel schneiden und in einen hohen Rührbecher geben.

2 Den Schmand, die Crème fraîche und den Sahnemeerrettich hinzufügen.

3 Die Zitrone heiß abwaschen, trocknen und die Schale abreiben. Anschließend die Zitrone auspressen.

4 Zitronenabrieb und Zitronensaft in den Rührbecher geben. Alles mit dem Mixstab fein pürieren und die Matjescreme mit wenig Salz und Pfeffer abschmecken.

BIRNEN-MATJES-TATAR

laktosefrei | glutenfrei

Ergibt 4 Portionen

2 Matjesfilets
1 reife Birne
4 Zweige Thymian
2 EL Mandelkerne
2 EL Arganöl
Saft von 2 Limetten
Meersalz
Szechuanpfeffer, geröstet

Zubereitungszeit 15 Minuten

Haltbarkeit Im Kühlschrank mindestens 1 Woche haltbar

1 Die Matjesfilets fein würfeln und in eine Schüssel geben. Die Birne waschen, vom Kerngehäuse befreien und in feine Würfel schneiden. Die Birnen zugeben.

2 Die Thymianzweige waschen, trockenschwenken und die Blättchen abzupfen.

3 Die Mandeln in einer Nussmühle schroten.

4 Die Thymianblättchen, das Mandelschrot und das Arganöl untermischen. Anschließend den Limettensaft zugeben und untermischen. Vor dem Servieren das Birnen-Matjes-Tatar mit Salz und Szechuanpfeffer abschmecken.

DILL-KRABBEN-CREME

1 Crème fraîche und Mayonnaise in eine Schüssel geben. Limettensaft und Olivenöl hinzufügen und mit dem Schneebesen glatt rühren.

2 Das Krabbenfleisch vorsichtig unter die Crème-fraîche-Mischung heben.

3 Dill waschen, trockenschwenken und zupfen. Die Dillspitzen fein schneiden.

4 Dill und grünen Pfeffer zur Krabbencreme geben und gründlich mischen. Die Dill-Krabben-Creme mit Salz abschmecken und dekorativ in Gläser füllen.

glutenfrei

Ergibt 4 Portionen

150 g Crème fraîche

50 g Mayonnaise

2 EL Limettensaft

1 EL Olivenöl

150 g Krabbenfleisch

1 Bund Dill

1 TL grüne Pfefferkörner (Glas)

Meersalz

Zubereitungszeit 15 Minuten

Haltbarkeit Im Kühlschrank mindestens 1 Woche haltbar

SARDELLENSTREICH

1 Die Sardellenfilets auf einem Sieb abtropfen lassen, fein würfeln und in einen hohen Rührbecher geben.

2 Knoblauch abziehen und grob zerkleinern. Zitronen heiß abwaschen und trocknen. Anschließend die Schale abreiben und den Saft auspressen.

3 Knoblauch, Ricotta, Kapern, Olivenöl, Zitronenabrieb und Zitronensaft hinzufügen und die Mischung mit dem Mixstab fein pürieren.

4 Den Sardellenstreich mit etwas Pfeffer abschmecken.

glutenfrei

Ergibt 4 Portionen

150 g Sardellenfilets

2 Soloknoblauchzehen

2 unbehandelte Zitronen

200 g Ricotta

1 EL Kapern

2 EL Olivenöl

schwarzer Pfeffer, frisch gemahlen

Zubereitungszeit 15 Minuten

Haltbarkeit Im Kühlschrank mindestens 1 Woche haltbar

CREMIGES RÄUCHERLACHSTATAR

1 Den Ziegenfrischkäse und die Sahne in eine Rührschüssel geben. Die Mischung mit einem Schneebesen fein aufschlagen.

2 Die Räucherlachsscheiben fein würfeln und unterheben. Die Zitrone heiß abwaschen, die Schale abreiben und anschließend unterheben. Die Zitrone auspressen.

3 Dillspitzen, geschnittene Minzeblättchen und Zitronensaft untermischen. Räucherlachstatar mit Salz und Pfeffer abschmecken.

glutenfrei

Ergibt 4 Portionen

50 g Ziegenfrischkäse
2 EL Sahne
100 g Räucherlachs
1 unbehandelte Zitrone
je 1 EL Dill und Minze
Salz und Pfeffer

Zubereitungszeit 15 Minuten

FRISCHLACHSRAHM

1 Mascarpone und Olivenöl in eine Rührschüssel geben und mit dem Schneebesen luftig aufschlagen.

2 Das Lachsfilet fein würfeln.

3 Den Apfel waschen, vom Kerngehäuse befreien und fein würfeln. Lachs und Apfelwürfel hinzufügen.

4 Den Schnittlauch waschen und in Röllchen schneiden. Die Orange heiß abwaschen und die Schale abreiben. Die Orange anschließend auspressen.

5 Schnittlauch, Orangenabrieb und Orangensaft zugeben und untermischen. Frischlachsrahm kräftig mit Salz und Pfeffer abschmecken.

glutenfrei

Ergibt 4 Portionen

100 g Mascarpone
1 EL Olivenöl
100 g frisches Lachsfilet
1 Apfel
1 Bund Schnittlauch
1 unbehandelte Orange
Salz und Pfeffer

Zubereitungszeit 15 Minuten

Haltbarkeit Im Kühlschrank mindestens 1 Woche haltbar

SAHNIGE TUNA-CREME

glutenfrei

Ergibt 4 Portionen

1 Dose Thunfisch in Öl
2 Soloknoblauchzehen
abgeriebene Schale und Saft von 2 unbehandelten Zitronen
100 g Doppelrahmfrischkäse
100 g Sahnequark
2 EL Olivenöl
Meersalz
schwarzer Pfeffer, frisch gemahlen

Zubereitungszeit 15 Minuten

Haltbarkeit Im Kühlschrank mindestens 1 Woche haltbar

1 Den Thunfisch auf einem Sieb abtropfen lassen und in einen hohen Rührbecher geben.

2 Knoblauch abziehen und grob zerkleinern.

3 Zitronenabrieb und Zitronensaft, Frischkäse, Knoblauch, Quark und Olivenöl zugeben und mit dem Mixstab fein pürieren.

4 Die Tuna-Creme mit Salz und Pfeffer abschmecken.

VARIANTE Wer es herzhaft liebt, serviert die Tuna-Creme mit 2 roten, in feine Würfel geschnittenen Zwiebeln. Die Zwiebeln mit dem Abrieb und dem Saft von 2 unbehandelten Zitronen und etwas Salz gut durchkneten und 10 Minuten marinieren lassen. Anschließend 1 Bund geschnittenen Koriander unterheben und die Zutaten mit der fertigen Tuna-Creme vermischen.

ZITRONEN-SARDINEN-CREME

1 Die Avocado schälen, den Stein entfernen und das Fruchtfleisch grob würfeln. Avocadostücke in einen hohen Rührbecher geben. Zitronenabrieb und Zitronensaft hinzufügen.

2 Knoblauch abziehen und grob würfeln. Die Sardinen abgießen und grob zerkleinern.

3 Die Petersilie waschen, trockenschwenken und die Blättchen abzupfen.

4 Den Knoblauch, die zerkleinerten Sardinen, das Olivenöl und die Petersilienblättchen hinzufügen und mit dem Mixstab fein pürieren.

5 Die Zitronen-Sardinen-Creme mit Salz und Pfeffer abschmecken.

laktosefrei | glutenfrei

Ergibt 4 Portionen

1 reife Avocado

abgeriebene Schale und Saft von 2 unbehandelten Zitronen

1 Soloknoblauchzehe

200 g Sardinen in Öl

1 Bund Blattpetersilie

2 EL Olivenöl

Meersalz

schwarzer Pfeffer, frisch gemahlen

Zubereitungszeit 15 Minuten

Haltbarkeit Im Kühlschrank mindestens 1 Woche haltbar

SCHMALZVARIATIONEN

SCHMALZBASIS

1 Den Speck durch eine grobe Fleischwolfscheibe drehen. Eine Pfanne mit hohem Rand erhitzen, den Speck hineingeben und bei mittlerer Hitze auslassen.

2 Das Schmalz nach und nach durch ein feines Sieb abgießen und in ausgespülte Twist-Off-Gläser füllen.

laktosefrei | glutenfrei

Ergibt 3 Gläser à 150 ml

500 g grüner Speck (fetter Speck ohne Schwarte)

Zubereitungszeit 45 Minuten

Haltbarkeit Im Kühlschrank mindestens 1 Wochen haltbar

ZWIEBELSCHMALZ

1 Die Zwiebeln abziehen und fein würfeln. Etwas Schmalz erhitzen und die Zwiebeln darin leicht glasieren. Mit wenig Salz würzen und gründlich unter das zimmerwarme Schmalz rühren.

laktosefrei | glutenfrei

Ergibt 4 Gläser à 150 ml

5 weiße Zwiebeln

1 Portion Schmalz (siehe Grundrezept Schmalzbasis)

Meersalz

APFEL-ZWIEBEL-SCHMALZ

1 Zwiebeln abziehen und in feine Würfel schneiden. Äpfel waschen, vom Kerngehäuse befreien und in feine Würfel schneiden.

2 Etwas Schmalz erhitzen und die Zwiebeln und die Apfelwürfel darin leicht glasieren. Mit wenig Salz würzen und unter das zimmerwarme Schmalz rühren.

laktosefrei | glutenfrei

Ergibt 4 Gläser à 150 ml

2 weiße Zwiebeln

2 saure Äpfel

1 Portion Schmalz (siehe Grundrezept Schmalzbasis)

Meersalz

TIPP 5 Esslöffel frische Thymianblättchen mit etwas Ahornsirup in der Pfanne karamellisieren und anschließend unter das Apfel-Zwiebel-Schmalz heben.

BIRNEN-ROSMARIN-SCHMALZ

laktosefrei | glutenfrei

Ergibt 4 Gläser à 150 ml

- 1 weiße Zwiebel
- 3 reife Birnen
- 1 EL Ahornsirup
- 5 Zweige Rosmarin
- 1 Portion Schmalz (siehe Grundrezept Schmalzbasis)

1 Zwiebel abziehen und fein schneiden. Birnen waschen, vom Kerngehäuse befreien und in feine Würfel schneiden. Eine beschichtete Pfanne erhitzen, die Zwiebeln und die Birnen darin in Ahornsirup glasieren.

2 Rosmarin waschen und zupfen. Rosmarinnadeln fein schneiden und unter die Zwiebel-Birnen-Mischung rühren. Abkühlen lassen. Anschließend die Mischung gut unter das zimmerwarme Schmalz rühren.

DAS BESTE AROMENSCHMALZ MIT PFLAUME UND INGWER

laktosefrei | glutenfrei

Ergibt 3 Gläser à 150 ml

- 10 getrocknete Pflaumen
- 4 EL frischer Ingwer, fein gewürfelt
- 1 EL abgeriebene Zitronenschale
- 1 EL Akazienhonig
- 1 Portion Schmalz (siehe Grundrezept Schmalzbasis)

1 Die Pflaumen fein würfeln. Ein beschichtete Pfanne erhitzen und die Pflaumen, den Ingwer, den Zitronenabrieb und den Akazienhonig darin 7 Minuten glasieren. Anschließend abkühlen lassen.

2 Die abgekühlte Pflaumen-Ingwer-Mischung gut unter das zimmerwarme Schmalz rühren.

TIPP Schmalz ist nicht nur ein feiner Brotaufstrich, sondern dient auch zur Aromenverstärkung von Schmorgerichten, Eintöpfen und Gemüse.

SÜSSE AUFSTRICHE

HEFEPLATZ

Ergibt 1 Kastenbrot

100 g fein gesalzene Butter
250 ml Vollmilch
100 g weißer Rohrzucker
500 g Mehl, gesiebt
2 Päckchen Trockenhefe
fein gesalzene Butter für die Form

Zubereitungszeit 1 Stunde plus 25 Minuten Backzeit

1 Den Backofen auf 60 °C vorheizen.

2 Butter und Milch in einen Topf füllen und erhitzen, bis das Gemisch lauwarm ist.

3 Die Milch-Butter-Mischung und den Zucker in einer großen Schüssel gut verrühren. Etwas abkühlen lassen.

4 Mehl und Trockenhefe mischen und löffelweise nach und nach unter die warme Milchmischung arbeiten. Den Teig so lange kneten, bis er nicht mehr an den Händen klebt.

5 Die Schüssel mit einem sauberen Küchentuch abdecken, in den vorgeheizten Backofen stellen und den Teig etwa 1 Stunde bei 60 °C im Backofen gehen lassen.

6 Den Teig herausnehmen und die Backofentemperatur auf 175 °C (Umluft 160 °C, Gas Stufe 2–3) erhöhen.

7 Den aufgegangenen Teig kräftig durchkneten. Eine Kastenform mit fein gesalzener Butter einfetten, den Teig einfüllen und den Hefeplatz im vorgeheizten Backofen bei 175 °C ca. 25 Minuten backen.

SÜSSER PLATZ IM BURGER-STYLE

Ergibt 4 Portionen

2 Birnen
2 Äpfel
fein gesalzene Butter
500 g Erdbeeren
5 Stängel frische Minze
1 Hefeplatz (siehe nebenstehendes Rezept)
Amlou (siehe Rezept Seite 99)

Zubereitungszeit 1 Stunde

1 Birnen und Äpfel waschen, das Kerngehäuse entfernen und das Fruchtfleisch der Länge nach in Scheiben schneiden.

2 Eine beschichtete Pfanne erhitzen und etwas Butter zugeben. Die Apfel- und Birnenspalten nach und nach hinzufügen und 3 bis 5 Minuten rundum glasieren. Anschließend auf einem Küchentuch abtropfen lassen.

3 Den Backofen auf 185 °C (Umluft/Grill) vorheizen.

4 Die Erdbeeren waschen, putzen und der Länge nach in feine Scheiben schneiden.

5 Die Minze waschen und zupfen.

6 Den kompletten Hefeplatz in fingerdicke Scheiben schneiden. Jede Scheibe mit Amlou bestreichen und im vorgeheizten Backofen 3 bis 5 Minuten anrösten.

7 Die angerösteten Scheiben auf der mit Amlou bestrichenen Seite erst mit Apfel- und Birnenscheiben belegen. Anschließend die Minzblätter auflegen und mit den frischen Erdbeeren vollenden. Mit einer zweiten Scheibe bedecken und servieren.

DUNKLE MANDELCREME

1 Margarine, Arganöl und Puderzucker in eine Metallschüssel geben.

2 Das Kakaopulver, den Ahornsirup, die Maisstärke und den Mandelkrokant in die Metallschüssel geben und gut vermischen.

3 Die Metallschüssel auf ein heißes Wasserbad stellen und die Zutaten bei maximal 60 °C unter Rühren langsam 5 bis 7 Minuten schmelzen.

4 Die Mandelcreme noch heiß in ausgespülte Twist-Off-Gläser füllen und verschließen.

TIPP Wenn Sie die Mandelcreme einmal mit einem ganz besonderen Aroma versehen möchten, rühren Sie die abgezupften Blättchen von 10 Thymianzweigen unter die fertige Masse. Die ätherischen Öle des Thymians entfalten bei jedem Aufstrich ihr volles Aroma!

glutenfrei

Ergibt 2 Gläser à 250 ml

150 g Margarine
40 ml Arganöl
50 g Puderzucker
50 g dunkelstes Kakaopulver
30 g Ahornsirup
10 g Maisstärke
100 g Mandelkrokant

Zubereitungszeit 25 Minuten

Haltbarkeit Abgefüllt in Gläsern im Kühlschrank mindestens 4 Wochen haltbar

ERDNUSSBUTTER

vegan | laktosefrei | glutenfrei

Ergibt 1 Glas à 250 ml

250 g geschälte Erdnüsse
3 EL Erdnussöl
10 g Puderzucker
1 Prise Meersalz

Zubereitungszeit 25 Minuten

Haltbarkeit Abgefüllt in Gläsern im Kühlschrank mindestens 4 Wochen haltbar

1 Eine beschichtete Pfanne erhitzen und die geschälten Erdnüsse darin trocken anrösten, bis sie duften. Anschließend herausnehmen und abkühlen lassen.

2 Geröstete Erdnüsse, Erdnussöl, Puderzucker und Salz in einen Standmixer geben und fein pürieren.

3 Die Erdnussbutter in ein ausgespültes Twist-Off-Glas füllen und verschließen.

MARSHMALLOW-ERDNUSS-CREME

Ergibt 2 Gläser à 250 ml

1 Portion Erdnussbutter (siehe Grundrezept oben)
100 g Sahne
200 g Marshmallows

Zubereitungszeit 20 Minuten

Haltbarkeit Abgefüllt in Gläsern im Kühlschrank mindestens 2 Wochen haltbar

1 Die Erdnussbutter und die Sahne in einen Topf geben und langsam erhitzen. Die Marshmallows hinzufügen und unter Rühren darin zergehen lassen.

2 Die Masse in eine gekühlte Stahlschüssel füllen und mit dem Schneebesen kalt schlagen.

3 Am Schluss die Marshmallow-Erdnuss-Creme in ausgespülte Twist-Off-Gläser füllen und verschließen.

AMLOU

vegan | laktosefrei | glutenfrei

Ergibt 2 Gläser à 250 ml

250 g Mandelkerne
150 ml Arganöl
4 EL Honig (z. B. Argan-Honig)
½ unbehandelte Zitrone

Zubereitungszeit 10 Minuten

Haltbarkeit Abgefüllt in Gläsern im Kühlschrank mindestens 2 Monate haltbar

1 Mandeln, Arganöl und Honig in einen Standmixer geben. Die Zitrone heiß abwaschen, trocknen und die Schale abreiben. Den Zitronenabrieb hinzufügen.

2 Anschließend alle Zutaten im Mixer fein pürieren.

3 Das Amlou in ausgespülte Twist-Off-Gläser füllen und sofort verschließen.

TIPP Amlou wird durch das handgepresste Arganöl zu einem wahren Aromenschatz.

KOKOS-MANDEL-STREICH

vegan | laktosefrei | glutenfrei

Ergibt 2 Gläser à 250 ml

100 g Mandelkerne
200 g Kokosflocken
10 EL Ahornsirup
1 TL Arganöl
1 Prise Salz

Zubereitungszeit 25 Minuten

Haltbarkeit Abgefüllt in Gläsern im Kühlschrank mindestens 2 Wochen haltbar

1 Die Mandeln in einer Nussmühle schroten und in einer beschichteten Pfanne ohne Fett leicht anrösten. Anschließend abkühlen lassen.

2 Kokosflocken, Ahornsirup, die geschroteten, angerösteten Mandeln und das Arganöl in eine Stahlschlüssel geben. Die Mischung mit dem Handrührgerät schaumig rühren.

3 Den Kokos-Mandel-Streich mit Salz abschmecken, in ausgespülte Twist-Off-Gläser füllen und verschließen.

SCHOKO LOCO

1 Die Avocados schälen, den Stein entfernen und das Fruchtfleisch fein zerstampfen.

2 Avocadomus, Kakaopulver, Ahornsirup, Arganöl und Salz in einen Topf geben und unter Rühren 5 Minuten langsam erwärmen.

3 Die Schokocreme in eine gekühlte Stahlschüssel füllen und mit dem Handrührgerät glatt rühren.

4 Anschließend in ein ausgespültes Twist-Off-Glas füllen, verschließen und vor dem Verzehr mindestens 1 Nacht ruhen lassen.

VARIANTE Für eine knusprig-kernige Variante 50 Gramm Mandelstifte, 25 Gramm helle Rosinen und 1 Esslöffel Ahornsirup in einer beschichteten Pfanne 5 bis 7 Minuten anrösten. Die Mischung anschließend abkühlen lassen und vorsichtig unter die fertige Grundmasse heben.

vegan | laktosefrei | glutenfrei

Ergibt 1 Glas à 250 ml

2 reife Avocados

4 EL dunkelstes Kakaopulver

4 EL Ahornsirup

2 EL Arganöl

1 Prise Meersalz

Zubereitungszeit 15 Minuten

Haltbarkeit Abgefüllt in Gläsern im Kühlschrank mindestens 4 Wochen haltbar

CRANBERRY-BIRNEN-KONFITÜRE

vegan | laktosefrei | glutenfrei

Ergibt 4 Gläser à 250 ml

600 g frische Cranberrys

500 g Gelierzucker 1:1

abgeriebene Schale von 4 unbehandelten Zitronen

Saft von 2 unbehandelten Zitronen

2 grüne Kardamomkapseln, gemörsert

3 feste Birnen

Zubereitungszeit 45 Minuten

Haltbarkeit Abgefüllt in Gläsern mindestens 12 Monate haltbar

1 Die Cranberrys waschen und in eine Schüssel geben. Den Gelierzucker hinzufügen und die Zucker-Frucht-Mischung mit dem Handrührgerät 10 bis 15 Minuten bei mittlerer Stufe rühren.

2 Zitronenabrieb und Zitronensaft hinzufügen und untermischen. Den zerstoßenen Kardamom zugeben.

3 Die Cranberry-Zucker-Mischung in einen Topf geben, zum Kochen bringen und 5 Minuten sprudelnd kochen.

4 Die Birnen schälen, das Kerngehäuse entfernen und das Fruchtfleisch fein schneiden. Die Birnenwürfelchen in die sprudelnd kochende Konfitüre einrühren und anschließend sofort vom Herd nehmen.

5 Die Cranberry-Birnen-Konfitüre 5 Minuten im Topf lassen und währenddessen ständig rühren. Dann in ausgespülte Twist-Off-Gläser füllen, verschließen und auf dem Kopf stehend abkühlen lassen.

ERDBEER-ACETO-DIALOG

vegan | laktosefrei | glutenfrei

Ergibt 6 Gläser à 250 ml

1 kg Erdbeeren
1 kg Gelierzucker 1:1
1 Tahiti-Vanilleschote
4 EL Crema di Aceto balsamico

Zubereitungszeit ca. 2½ Stunden

Haltbarkeit Abgefüllt in Gläsern mindestens 12 Monate haltbar

1 Die Erdbeeren waschen, putzen und vierteln. Erdbeeren und Gelierzucker in einen Topf geben.

2 Die Vanilleschote aufschlitzen und auskratzen. Vanillemark und ausgekratzte Vanilleschote hinzufügen, gut vermischen, den Deckel auflegen und die Erdbeeren 2 Stunden Saft ziehen lassen.

3 Anschließend die Erdbeer-Zucker-Mischung aufkochen und unter ständigem Rühren 5 Minuten sprudelnd kochen. Die Vanilleschote herausnehmen, dann Crema di Aceto balsamico untermengen.

4 Die heiße Marmelade sofort in ausgespülte Twist-Off-Gläser füllen, verschließen und auf dem Kopf stehend abkühlen lassen.

TIPP Verfeinern Sie diese Marmelade mit dem Abrieb von 3 unbehandelten Orangen kurz vor der Abfüllung!

SÜSSKIRSCHKONFITÜRE

vegan | laktosefrei | glutenfrei

Ergibt 6 Gläser à 250 ml

1 kg Süßkirschen

500 g Gelierzucker

abgeriebene Schale von 5 unbehandelten Zitronen

2 EL Rum

Zubereitungszeit 30 Minuten plus 20 Minuten Garzeit

Haltbarkeit Abgefüllt in Gläsern mindestens 4 Monate haltbar

1 Die Süßkirschen waschen und entsteinen. 500 Gramm Fruchtfleisch abwiegen, die restlichen Kirschen in feine Streifen schneiden.

2 Die größere Portion der Süßkirschen, den Gelierzucker, den Zitronenabrieb und den Rum in einen Topf geben und zum Kochen bringen. Die Mischung 20 Minuten kochen lassen.

3 Anschließend die in Streifen geschnittenen Kirschen zugeben und weitere 7 Minuten köcheln lassen.

4 Die Süßkirschkonfitüre möglichst heiß in ausgepülte Twist-Off-Gläser füllen, verschließen und auf dem Kopf stehend abkühlen lassen.

VARIANTE Probieren Sie die Süßkirschkonfitüre auch mit Physalis. Hierzu 100 Gramm Physalis waschen, halbieren und mit dem Saft und Abrieb einer unbehandelten Zitrone in einen Topf geben. 80 Milliliter Grand Marnier hinzufügen, zum Kochen bringen und 5 Minuten einkochen. Die Fruchtmischung anschließend unter die fertige Süßkirschkonfitüre heben und möglichst heiß abfüllen.

MANGO-MIX-MARMELADE

1 Die Mangos schälen und das Fruchtfleisch von den Steinen schneiden. Das Mangofruchtfleisch in kleine Würfel schneiden und in einen Topf geben.

2 Zitronenabrieb und Zitronensaft, Chiliwürfel, Gelierzucker und Kardamompulver hinzufügen. Alles gut vermischen, den Deckel auflegen und die Mischung 2 Stunden Saft ziehen lassen.

3 Anschließend die Mango-Zucker-Mischung unter Rühren aufkochen und 5 Minuten sprudelnd kochen.

4 Die Mango-Mix-Marmelade möglichst heiß in ausgespülte Twist-Off-Gläser füllen, verschließen und auf dem Kopf stehend abkühlen lassen.

vegan | laktosefrei | glutenfrei

Ergibt 6 Gläser à 250 ml

1 kg reife Mangos

abgeriebene Schale und Saft von 3 unbehandelten Zitronen

½ rote Chilischote, fein gewürfelt

1 kg Gelierzucker 1:1

1 Messerspitze gerösteter grüner Kardamom, fein gemörsert

Zubereitungszeit 3 Stunden

Haltbarkeit Abgefüllt in Gläsern mindestens 12 Monate haltbar

BACKOFEN-PFLAUMENMUS

vegan | laktosefrei | glutenfrei

Ergibt 10 Gläser à 250 ml

3 kg reife Pflaumen
400 g brauner Zucker
1 TL Zimtrinde
3 grüne Kardamomkapseln
abgeriebene Schale von 3 unbehandelten Orangen

Zubereitungszeit 4 Stunden plus 2 Stunden Garzeit

Haltbarkeit Abgefüllt in Gläsern mindestens 8 Monate haltbar

1 Die Pflaumen waschen, halbieren und entsteinen.

2 Pflaumen mit dem Zucker in eine Schüssel geben, vermischen und bei Zimmertemperatur abgedeckt 3 Stunden Saft ziehen lassen. Anschließend gut verrühren.

3 Den Backofen auf 185 °C (Umluft 170 °C, Gas Stufe 3) vorheizen.

4 Die Zimtrinde und die Kardamomkapseln in einem Mörser fein mörsern. Zimt, Kardamom und Orangenabrieb zu den Pflaumen geben.

5 Die Pflaumen-Zucker-Mischung in eine große Auflaufform oder einen Bräter füllen und im vorgeheizten Backofen bei 185 °C 2 Stunden einkochen.

6 Nach der Backzeit die Backofentür öffnen und das Pflaumenmus langsam abkühlen lassen, bis es lauwarm ist. Das Pflaumenmus in ausgespülte Twist-Off-Gläser füllen, verschließen und auf dem Kopf stehend abkühlen lassen.

ORANGENMARMELADE

1 Die Orangen und die Zitronen unter heißem Wasser gut abspülen und abtrocknen. Die Schale der Zitrusfrüchte mit einem Sparschäler so schälen, dass keine weiße Haut an der Schale verbleibt. Die Schale anschließend in feine Stifte schneiden.

2 Anschließend die Orangen und Zitronen mit einem scharfen Messer schälen, bis nur noch das Fruchtfleisch übrig bleibt. Die Filets herausschneiden.

3 Zitrusschale, Zitrusfilets und Gelierzucker in eine große Schüssel geben, gut vermischen und abgedeckt 2 Stunden Saft ziehen lassen.

4 Die Frucht-Zucker-Mischung in einen Topf füllen, zum Kochen bringen und unter Rühren 5 Minuten sprudelnd kochen.

5 Die Orangenmarmelade möglichst heiß in ausgespülte Twist-Off-Gläser füllen, sofort verschließen und auf dem Kopf stehend abkühlen lassen.

vegan | laktosefrei | glutenfrei

Ergibt 6 Gläser à 250 ml

1,5 kg unbehandelte Orangen

3 unbehandelte Zitronen

1 kg Gelierzucker 1:1

Zubereitungszeit 2½ Stunden

Haltbarkeit Abgefüllt in Gläsern mindestens 12 Monate haltbar

TIPP Die Marmelade schmeckt auch mit einem kleinen Kick, z. B. mit Campari.

LIME CURD

glutenfrei

Ergibt 4 Gläser à 150 ml

500 g Feinzucker
200 g fein gesalzene Butter
abgeriebene Schale und Saft von 10 unbehandelten Limetten
abgeriebene Schale und Saft von 2 unbehandelten Zitronen
8 Eier

Zubereitungszeit 50 Minuten

Haltbarkeit Im Kühlschrank ca. 2 Wochen haltbar

1 Zucker und Butter in eine Rührschüssel füllen. Zitrusabrieb, Limettensaft und Zitronensaft hinzufügen.

2 Die Mischung auf dem Wasserbad bei maximal 60 °C schaumig schlagen.

3 Die Eier zugeben und unter ständigem Rühren mindestens 20 Minuten weiter aufschlagen. Anschließend die Masse vom Herd nehmen und kurz ruhen lassen.

4 Das Lime Curd in ausgespülte Twist-Off-Gläser füllen und sofort verschließen.

TIPP Lime Curd eignet sich prima zum Gratinieren und zaubert köstliche Krusten auf Fisch oder Fleisch. Auch Buttersaucen kann man wunderbar mit Lime Curd verfeinern.

SWEET LEMON

vegan | laktosefrei | glutenfrei

Ergibt 6 Gläser à 250 ml

1,5 kg unbehandelte Zitronen

4 EL frischer Ingwer, fein gewürfelt

1 kg Gelierzucker 1:1

Zubereitungszeit 2,5 Stunden

Haltbarkeit Abgefüllt in Gläsern mindestens 12 Monate haltbar

1 Die Zitronen unter heißem Wasser gut abspülen und abtrocknen. Die Zitronenschale mit einem Sparschäler so schälen, dass keine weiße Haut an der Schale verbleibt. Die Schale in feine Stifte schneiden.

2 Anschließend die Zitronen mit einem scharfen Messer schälen, bis nur noch das Fruchtfleisch übrig bleibt. Die Filets herausschneiden.

3 Zitronenschale, Zitronenfilets, frischer Ingwer und Gelierzucker in eine große Schüssel geben, gut vermischen und abgedeckt 2 Stunden Saft ziehen lassen.

4 Die Zitronen-Zucker-Mischung in einen Topf füllen, zum Kochen bringen und unter Rühren 5 Minuten sprudelnd kochen.

5 Die Marmelade möglichst heiß in ausgespülte Twist-Off-Gläser füllen, sofort verschließen und auf dem Kopf stehend abkühlen lassen.

TOMATENMARMELADE

1 Strauchtomaten waschen, putzen, würfeln und in einen Topf geben.

2 Ingwer, Zitrusabrieb, Apfelsaft und Gelierzucker hinzufügen. Bei mittlerer Hitze zum Kochen bringen und 20 Minuten köcheln.

3 Die Tomatenmarmelade mit dem Mixstab fein pürieren und anschließend durch ein feines Sieb streichen.

4 Möglichst heiß in ausgespülte Twist-Off-Gläser füllen. Die Gläser verschließen und auf dem Kopf stehend abkühlen lassen.

VARIANTE Die Marmelade kann man hervorragend mit ofengetrockneten Safttomaten verfeinern. Dafür 500 Gramm kleine Cocktailtomaten, ohne Stielansatz und über Kreuz angeritzt, nebeneinander auf Backpapier mit Agavendicksaft beträufeln und im vorgeheizten Backofen bei 185 °C (Umluft mit Grillfunktion) ca. 30 Minuten trocknen. Diese getrockneten, noch saftigen Tomaten schmecken in der Marmelade köstlich. Beim Trocknen kann man noch etwas fein geschnittenen Rosmarin, Salz, etwas Pfeffer und 1 Prise frisch gemahlene Muskatnuss hinzufügen.

vegan | laktosefrei | glutenfrei

Für 7 Gläser à 250 ml

1,5 kg Strauchtomaten

2 EL frischer Ingwer, fein gewürfelt

abgeriebene Schale von 2 unbehandelten Zitronen und 2 unbehandelten Orangen

200 ml naturtrüber Apfelsaft

1 kg Gelierzucker 1:1

Zubereitungszeit 15 Minuten plus 20 Minuten Kochzeit

Haltbarkeit Abgefüllt in Gläsern mindestens 8 Monate haltbar

INOXYDABLE
LAM'DOR
GEMBLOUX

SWEET HONEY NUT

vegan | laktosefrei | glutenfrei

Ergibt 2 Gläser à 250 ml

300 g Akazienhonig
150 g Nussmischung (je nach Geschmack)
1 EL Ahornsirup
2 EL abgeriebene Zitronenschale

Zubereitungszeit 15 Minuten

Haltbarkeit Abgefüllt in Gläsern 12 Monate haltbar

1 Den Honig auf dem Wasserbad leicht erhitzen. Die Nüsse in einer Nussmühle fein schroten.

2 Das Nussschrot und den Ahornsirup in eine beschichtete Pfanne geben und darin 3 bis 5 Minuten glasieren. Anschließend den Zitronenabrieb unterrühren.

3 Die glasierten Nüsse mit dem Honig vermischen.

4 Sweet Honey Nut lauwarm in ausgespülte Twist-Off-Gläser füllen. Sofort verschließen und auf dem Kopf stehend abkühlen lassen.

VARIANTE Für eine fruchtige Abwandlung 2 Äpfel (Boskop) und 1 Birne schälen, die Kerngehäuse entfernen und das Fruchtfleisch in feine Würfel schneiden. 100 Milliliter Apfelsaft in einem Topf erhitzen, Apfel- und Birnenwürfel zugeben und 7 bis 10 Minuten bei mittlerer Hitze köcheln lassen. Die Früchte über einem Sieb abgießen und anschließend unter das Sweet Honey Nut rühren.

APFELMUS MIT KARDAMOMAROMA

1 Die Äpfel schälen, vom Kerngehäuse befreien, würfeln und in einen Topf geben.

2 Limettensaft, Kardamomkapseln, Zimtstange und Thymianblättchen hinzufügen, zum Kochen bringen und 20 Minuten einkochen.

3 Die Zimtstange entfernen und das Apfelmus mit dem Mixstab fein pürieren. Mit etwas Zucker und Salz abschmecken.

4 Das Apfelmus möglichst heiß in ausgespülte Twist-Off-Gläser füllen, die Gläser verschließen und auf dem Kopf stehend abkühlen lassen.

VARIANTE Wenn Sie dem Apfelmus noch mehr Tiefe verleihen wollen, glasieren Sie 3 Esslöffel fein gewürfelten frischen Ingwer mit 1 Esslöffel Akazienhonig 5 bis 7 Minuten in einer beschichteten Pfanne. Anschließend den Ingwer einfach unter das Apfelmus heben.

vegan | laktosefrei | glutenfrei

Ergibt 6 Gläser à 250 ml

1,3 kg Äpfel

250 ml Limettensaft

5 grüne Kardamomkapseln, geröstet

1 Zimtstange

4 EL frische Thymianblättchen

Zucker

Meersalz

Zubereitungszeit 20 Minuten plus 20 Minuten Garzeit

Haltbarkeit Abgefüllt in Gläsern 12 Monate haltbar

ERDBEER-INGWER-BASILIKUM-MARMELADE

vegan | laktosefrei | glutenfrei

Ergibt 6 Gläser à 250 ml

1 kg Erdbeeren

50 g frischer Ingwer, fein gewürfelt

1 kg Gelierzucker 1:1

2 Bund Basilikum

Zubereitungszeit 2½ Stunden

Haltbarkeit Abgefüllt in Gläsern 8 Monate haltbar

1 Die Erdbeeren waschen, putzen, vierteln und in eine Schüssel geben.

2 Ingwer und Zucker hinzufügen, gut vermischen und abgedeckt 2 Stunden Saft ziehen lassen.

3 Anschließend die Erdbeer-Zucker-Mischung zum Kochen bringen und unter ständigem Rühren 7 Minuten sprudelnd kochen.

4 Basilikum waschen, trockenschwenken, zupfen und fein schneiden. Fein geschnittenes Basilikum unterrühren und die heiße Marmelade sofort in ausgepülte Twist-Off-Gläser füllen, verschließen und auf dem Kopf stehend abkühlen lassen.

TIPP Ich rühre noch 2 filetierte, in kleine Würfel geschnittene Orangen kurz vor dem Abfüllen unter die Marmelade.

SONNENBLUMEN-SOJACREME

vegan | laktosefrei | glutenfrei

Ergibt 4 Gläser à 250 ml

- 500 g Sonnenblumenkerne
- 250 g Sultaninen
- 1 l Apfelsaft
- 1 Bund Minze
- ½ frische Chilischote
- 150 g Sojacreme
- Meersalz
- schwarzer Pfeffer, frisch gemahlen

Zubereitungszeit 20 Minuten plus 12 Stunden Einweichzeit

Haltbarkeit Abgefüllt in Gläsern im Kühlschrank 2 Wochen haltbar

1. Die Sonnenblumenkerne, die Sultaninen und den Apfelsaft in eine Schüssel geben. Die Mischung über Nacht ziehen lassen.

2. Am nächsten Tag alles gut vermischen, den überschüssigen Saft abgießen und dabei auffangen.

3. Die Minze waschen und zupfen. Die Chilischote unter fließendem Wasser entkernen und grob zerkleinern.

4. Sojacreme, Chili, Minzeblättchen, Sonnenblumenkerne und Sultaninen in einen hohen Rührbecher füllen und mit dem Mixstab fein pürieren. Je nach Cremigkeit noch etwas von der Einweichflüssigkeit unterrühren. Mit Salz und Pfeffer abschmecken.

5. Anschließend die Creme in ausgespülte Twist-Off-Gläser füllen und kühl stellen.

TIPP Wenn's etwas pikanter sein darf, kann man auch frischen Koriander anstelle von Minze verwenden.

GESCHENKIDEEN

Brotaufstriche, Chutneys oder Marmeladen sind aus meiner Sicht ein schönes und vor allem persönliches Geschenk, das immer von Herzen kommt. Gerade durch die saisonalen Komponenten und die individuellen Rezepturen können gerade diese Gastgeschenke schnell zu Ihrer persönlichen Visitenkarte werden.

Ein Geschenk lebt an sich ja schon allein von der Geste. Und der Prozess des Schenkens geschieht in mehreren Stufen: Zuerst stellt sich Vorfreude ein. Hat man dann einen Blick auf die Verpackung erhascht und ist das Papier oder der Behälter liebevoll ausgewählt, freuen wir uns über die Mühe, die der Schenkende auf sich genommen hat. Kann man womöglich von der Hülle auf den Inhalt schließen? Und zuletzt folgt das Auspacken: Die Freude über etwas Selbstgemachtes, das unseren Geschmack trifft, ist kaum zu überbieten.

Ausgewählt und persönlich

Nun freut man sich als Beschenkter nicht nur über etwas Selbstgemachtes, sondern auch über eine liebevolle Verpackung – jedoch sollte die Hülle nicht mehr Wert sein als das eigentliche Geschenk. Ich liebe kleine, persönliche Freundschaftsgeschenke mit einem gewissen persönlichen Touch oder gar Mehrwert. Die Begeisterung über ein selbst gemachtes Chutney in einem hübschen Glas hält über den Verzehr hinaus an. Denn ist das Chutney aufgegessen, kann ich das Glas anderweitig benutzen, begegne ihm im täglichen Küchenalltag immer mal wieder und kann mich an den genüsslichen Inhalt zurückerinnern. Die Wahl des richtigen Glases ist also nicht nur eine Frage der Haltbarkeit, sondern auch eine Visitenkarte des Schenkers. Auf dem Trödelmarkt kann man prima Ausschau nach Gläsern halten, und manchmal finden sich auch im Keller noch längst vergessene Weckgläser. Wichtig ist in jedem Fall, dass die verwendeten Gläser und Verschlüsse vor der Befüllung möglichst heiß gereinigt werden. Anschließend sollten Sie sie gründlich ausspülen, sodass keine Spülmittelreste zurückbleiben, die den Geschmack beeinträchtigen.

Wer Geschmack am Einmachen gewinnt, kann auch Freunde bitten, Glaswaren zu sammeln. Und gerade das Einkochen ist im Freundes- oder Familienkreis ein großer Spaß. Laden Sie sich ein paar Freunde zum gemeinsamen Einkochen nach Hause ein und produzieren Sie in geselliger Runde direkt auch etwas, das Sie gemeinsam auf einer kleinen abendlichen Feier verspeisen können: beispielsweise die Perfekte Tomate (siehe Rezept Seite 29) und eine Focaccia (siehe Rezept Seite 60).

Selbst gemachte Unikate liebevoll verpackt

Die Deckel von wiederverwendeten Einmachgläsern lassen sich prima mit Stoff-

Die ganze Vielfalt der Brotaufstriche wird nur noch durch schöne Verpackungsideen getoppt.

resten bespannen. Und hier gilt: je einfacher, desto besser. Wenn die Farben und die Konsistenz von Chutney, Konfitüre & Co. im Vordergrund stehen und der Deckel lediglich mit Packpapier oder Pergament eingeschlagen ist und mit einer groben Schnur gehalten wird, erweckt dies bei mir sofort Assoziationen an ursprüngliche und altmodische Manufakturen. Diejenigen, die einen kleinen Vorrat an Papier- und Kordelresten zu Hause horten oder sich nur schlecht von verschlissenen Küchenhandtüchern trennen können, haben einen schönen Fundus, um im Handumdrehen einfachste Marmeladengläser zu schmücken. Auch aus Verpackungspapier oder ausländischen Zeitungen, die Sie aus dem Urlaub mitgebracht haben, zaubert man im Nu kleine Etiketten und verziert diese mit Foodfotos aus Magazinen und ausgeschnittenen Früchten. Darüber hinaus kann man mit Kordel, Geschenkband oder Bast kleine Kärtchen, Kräuter oder je nach Jahreszeit hübsche Dekorationen wie beispielsweise Kirschzweige oder Tannengrün anhängen.

Gelungene Kombinationen

Besonders schön sind Geschenke, die geschmacklich aufeinander aufbauen: wenn Sie beispielsweise einen reifen Camembert aus Ziegenmilch mit einem Aprikosenchutney (siehe Rezept Seite 43) und einem kräftigen Früchtebrot kombinieren. In dieser kulinarischen Kombination verschenken Sie die passenden geschmacklichen Grundkomponenten zum Chutney gleich mit. Auch eine selbst gemachte Konfitüre mit einem Backrezept, in dem die Marmelade eine tragende Rolle spielt, ist eine schöne Idee. Oder ein kurzes Rezept für eine besondere Salatsauce oder eine Marinade, bei der man ein Chutney oder etwas Marmelade verwendet. Wenn Sie dann noch frisches Obst und Gemüse aus der Saison vom Markt in einem Korb dazu verschenken, ist Ihnen eine Einladung zum Essen in den nächsten Tagen sicher.

Warum sich Butter als Geschenk prima eignet

Selbst gemachte Aromenbutter (siehe Rezepte Seite 54 bis 57) kann man darüber hinaus wunderbar als Gastgeschenk mitbringen. Entweder Sie rollen die Butter zwischen Pergament und verschließen die Rolle mit rustikaler Kordel oder streichen die Butter in Tonschalen und dekorieren sie mit frischen Kräutern. Auch ein Stück gestempelte Butter, das Sie in Pergament oder Wachspapier einschlagen, ist ein schönes Mitbringsel. Zu einem außergewöhnlichen Blickfang wird eine Butter, wenn Sie sie in eine antike Blechdose streichen und am Tisch servieren. Gehen Sie mit offenen Augen umher und sammeln Sie Ideen – praktisch jedes Behältnis eignet sich, das dicht ist und sich im Vorfeld gut säubern lässt.

Ein Glas Sardellenstreich (Seite 84) in Papier wickeln, aus der Anchovisschachtel ein Schild schneiden, dies mit einem Angelhaken und dem Rezept versehen – und fertig ist das Geschenk.

Was zu welchem Anlass?

Wenn Sie zum Essen eingeladen sind und eine kleine Aufmerksamkeit für den Gastgeber mitbringen, eignet sich wunderbar ein selbst gemachtes Chutney (siehe Rezepte Seite 43 und 44) zusammen mit einem kleinen Käse – verpackt in einer kleinen alten Holzkiste mit etwas Stroh. Oder Sie bringen eine selbst gemachte Kräuterbutter in der Pergamentrolle mit, inklusive einem handgeschriebenen Etikett und einem Baguette oder rustikalen Steinofenbrot. Eventuell schlagen Sie Butter und Brot in einer Tageszeitung ein oder wickeln die Rolle in ein hübsches Küchenhandtuch. Auch eine selbst gemachte Pâté im Weckglas ist ein schönes Gastgeschenk. Vielleicht finden Sie auf dem Flohmarkt noch ein antikes Messer und schenken es zusammen mit dem handgeschriebenen Pastetenrezept. Ein Urlaubsgruß für Daheimgebliebene könnte folgendermaßen aussehen: Sie laden nach Ihrem Urlaub ein paar Freunde ein und genießen als Vorspeise z.B. die Perfekte

Tomate (siehe Rezept Seite 29). Darüber hinaus kochen Sie einen Gang mit Lime Curd (siehe Rezept Seite 111), das sich hervorragend eignet, um damit schöne Krusten auf Fisch und Fleisch zu zaubern. Als Giveaway streichen Sie etwas Lime Curd in ausgehöhlte und angefrostete Bio-Zitronen. Die Zitronen schlagen Sie in Pergament ein und geben jedem Gast eine Zitrone mit nach Hause. Zu folgenden Anlässen eignen sich diese Kombinationen:

Geburtstag: Marmelade, Konfitüre oder Mus entsprechend der Saison mit einem Horoskopanhänger. Oder ein selbst gebackener Kuchen, das Kuchenrezept inklusive einem kleinen Glas mit der verwendeten Marmelade.

Hochzeit: Ein Glas Balsamico-Kirsch-Aufstrich (siehe Rezept Seite 20) in feinste Gaze gehüllt in einem Bett von Rosenblättern.

Einweihungsfest: Ein Dinkel-Joghurt-Brot (siehe Rezept Seite 11) und ein Fässchen Sauerkraut-Kartoffel-Streich (siehe Rezept Seite 13) zusammen mit einem Säckchen Fleur de Sel.

Frühlingsgrüße: Ein Glas Sweet Lemon (siehe Rezept Seite 112) in einem großen Korb voller aromatischer Zitronen.

Sommerfest: Eine große Auflaufform mit einer Portion der Perfekten Tomaten (siehe Rezept Seite 29) zusammen mit einer Flasche bestem Olivenöl.

Herbst: Enten-Confit im Weckglas (siehe Rezept Seite 69) in einem Weidenkorb mit frisch gefallenem Laub. Oder Wildpâté (siehe Rezept Seite 64) samt antiker Porzellanform verschenken.

Halloween: Ein Twist-Off-Glas Marshmallow-Erdnuss-Creme (siehe Rezept Seite 97), der Deckel verziert mit buntem Eulenstoff.

Nikolaus: Viele kleine Gläser – von Schoko Loco über Amlou bis hin zur Süßkirschkonfitüre – je in einen kleinen Socken gehüllt (siehe Rezepte Seite 100, 99 und 105).

Weihnachten: Ein großes altes Weckglas randvoll gefüllt mit Backofen-Pflaumenmus (siehe Rezept Seite 109) in einem kleinen Karton mit feinster Weihnachtsgewürzmischung, bestehend aus Zimtstangen, Sternanis, Muskatnuss und Kardamomkapseln.

Ein aromatischer Brotaufstrich ist eine wunderbare Bereicherung im alltäglichen Speiseeinerlei.

Das passt zusammen

Seite 15	**Karotten-Ingwer-Mousse** in einem Glas mit Schraubverschluss und einem Bund frischer Frühlingskarotten
Seite 16	**Ingwer-Apfel-Streich** in einem Weckglas mit kariertem Tuch und Kordel in einem Korb voll frischer Ingwerknollen
Seite 20	**Balsamico-Kirsch-Aufstrich** in einem alten Glas zusammen mit einer Flasche altem Balsamico-Essig
Seite 23	**Agaven-Zwiebel-Creme** in einem im Jutesack steckenden Weckglas – den Jutesack an eine Agave im Topf gebunden
Seite 24	**Feines Paprikaragout** im großen Glas, dazu Paprikaprodukte, z. B. Paprikapulver in der Blechdose oder frische bunte Paprika in einer Holzkiste
Seite 29	**Perfekte Tomate** auf einem mit Kräutern ausgelegten großen Teller
Seite 30	**Hummus** in einem tönernen Schälchen
Seite 30	**Avocadocreme** in einem dekorativen Töpfchen, am besten auf Eis gelagert
Seite 33	**Parmesan-Crunch** lose in kleinen Tüten verpackt, mit einer Rezeptkarte
Seite 34	**Aromenstreusel** in kleinen Schraubverschlussgläsern mit je einem Bund der verwendeten frischen Kräuter
Seite 38	**Sweet Chili** im Weckglas in einer Papiertüte voller bunter frischer Chilis
Seite 41	**Kartoffel-Kräuter-Creme** und ein hausgebackenes Brot im Leinensack
Seite 47	**Feige Marrakesch** im kleinen Glas auf einem Gewürztablett
Seite 48	**Kastanienkrokant** in einer Holzdose mit frischen Kastanien
Seite 53	**Quarkwelten** in einer schönen Schale und ein kleiner Schneebesen aus Holz

REZEPTREGISTER

IMPRESSUM

1. Auflage 2014

HINWEIS

Die Ratschläge/Informationen in diesem Buch sind von Autor und Verlag sorgfältig erwogen und geprüft. Dennoch kann eine Garantie nicht übernommen werden. Eine Haftung des Autors bzw. des Verlags und seiner Beauftragten für Personen-, Sach- und Vermögensschäden ist ausgeschlossen.

BILDNACHWEIS

Alle Fotos stammen von Guido Schröder, Köln. www.guidoschroeder.com

Redaktionsleitung Silke Kirsch
Projektleitung Sonya Mayer
Layout, DTP, Gesamtproducing
Grafikdesign Hansen – Jan-Dirk Hansen
Redaktion Anja Fleischhauer
Bildredaktion Sabine Kestler
Korrektorat Dr. Ulrike Kretschmer
Reproduktion Regg Media GmbH, München
Druck und Verarbeitung Druckerei Theiss, St. Stefan

Printed in Austria

MIX
Papier aus verantwortungsvollen Quellen
FSC® C012536
FSC
www.fsc.org

Verlagsgruppe Random House FSC® N001967

Das für dieses Buch verwendete FSC®-zertifizierte Papier *Profisilk* wurde produziert von Sappi Stockstadt.

ISBN 978-3-517-08954-6